Report on Course Construction of

PEDAGOGY ACADEMIC POSTGRADUATE

教育学学术型研究生
课程建设报告

周海涛　钟秉林　等◎著

科学出版社
北　京

内 容 简 介

本书较为系统地剖析了我国各培养单位的教育学学术型研究生课程建设的有益经验，比对、借鉴了五国的教育学学术型研究生课程建设实践做法，并开展了我国教育学研究生学位点的授课教师和研究生问卷调查，发掘了我国教育学学术型研究生课程建设的突出瓶颈和成因，探索并提出了加强和改进教育学学术型研究生课程建设的对策建议。本书力求结构清晰、观点鲜明、论据翔实、准确简洁，为把握教育学研究生课程建设相关理论与实践提供综合参考。

本书适合教育部门和高校相关管理者、教育学学位点教师和研究界同仁交流互鉴。

图书在版编目（CIP）数据

教育学学术型研究生课程建设报告/周海涛等著. —北京：科学出版社，2021.9

ISBN 978-7-03-069897-1

Ⅰ. ①教… Ⅱ. ①周… Ⅲ. ①教育学-研究生教育-教学研究 Ⅳ. ①G40

中国版本图书馆 CIP 数据核字（2021）第 193973 号

责任编辑：孙文影　高丽丽 / 责任校对：王晓茜
责任印制：李　彤 / 封面设计：润一文化

科学出版社出版
北京东黄城根北街 16 号
邮政编码：100717
http://www.sciencep.com
北京建宏印刷有限公司 印刷
科学出版社发行　各地新华书店经销
*
2021 年 9 月第　一　版　开本：720×1000　B5
2021 年 9 月第一次印刷　印张：12 1/4
字数：200 000

定价：89.00 元

（如有印装质量问题，我社负责调换）

课 题 组

组长　周海涛　钟秉林

成员　景安磊　胡万山　郑淑超

　　　刘　丽　史少杰　王　倩

　　　廖苑伶　王艺鑫　闫丽雯

前　言

2020年，《教育部 国家发展改革委 财政部关于加快新时代研究生教育改革发展的意见》提出“加强课程教材建设，提升研究生课程教学质量”①。课程学习是我国学位与研究生教育制度的重要特征，是保障研究生培养质量的必备环节，也是反映研究生教育水平的重要指标。全面深化课程改革，加强和改进研究生课程建设，对于我国培养创新拔尖人才、建设创新型国家和人力资源强国、全面实现创新驱动发展具有十分重大的现实意义。

本书紧紧围绕“教育学学术型研究生课程建设”这一核心主题，在全面梳理和学习借鉴国内外已有相关研究的基础上，对全球视野下的教育学学术型研究生课程建设经验，以及我国教育学学术型研究生课程建设的典型案例与建设状况进行了系统、深入的实证分析。在把握已有研究状况、

① 教育部 国家发展改革委 财政部关于加快新时代研究生教育改革发展的意见[EB/OL].（2020-09-21）. http://www.moe.gov.cn/srcsite/A22/s7065/202009/t20200921_489271.html.

参照国际经验、明确我国改革实践起点的基础上，针对研究生课程建设实践中的突出问题，本书提出了加强和改进教育学学术型研究生课程建设的策略与建议。

通过对已有相关研究进行系统梳理发现，国内外对教育学学术型研究生课程建设问题进行了较为系统的研究，研究内容涉及课程目标、课程设置、课程内容、课程教学、课程评价等方面，为本书研究的有效推进奠定了良好基础。对比美国、英国、澳大利亚、日本和新加坡五国大学教育学学术型研究生课程建设的共性思路和举措，本书发现：①在研究生专业及课程设置上，专业课程设置灵活，注重方法论课程和实践类课程的设置，注意平衡课程体系与单门课程、显性课程与隐性课程；②在教学内容上，主要涉及专业理论的学理性、教育科研的指导性、实践教学的情境性以及教育技术的交互性等；③在教学方法上，大多采用多样化的教学方法和手段，促进研究生的自主学习，培养研究生的学术基础素养、专业创新素养和实践技能素养，案例教学法、问题本位教学法、项目本位教学法以及研讨会是较为典型的几种教学方法；④在评价方式上，形成性评价、诊断性评价、总结性评价等多种评价方式相结合，突出在理论学习基础上的实践应用能力评价。

国内教育学学术型研究生课程建设的典型案例和经验包括：①构建契合实践的课程体系，为研究生提供丰富、优质、灵活的课程，与企事业单位合作开设实践性课程，合力打造研究生精品课程；②创新课程教学模式，实施教师联合授课等创新性教学组织方式，探索案例教学、对话教学、翻转课堂等新型教学方式，重视图书、期刊等课程资源建设，推进课程教材建设；③提高教师的教学能力和水平，以评选优秀课程和建立任课教师奖励约束机制等方式，加大对课程建设和教学改革的激励与支持力度，加强师能建设，提升教师课程教学能力，打造专兼职联系紧密的教师队伍；④加强课程考核与教学监管，完善课程考核制度，通过制定并优化课程教学大纲、建立课程学习警告与淘汰机制，对课程教学进行严格管理，通过制定科学的评价标准、完善课程质量评价与反馈机制而定期实施课程评价。

本书抽样调查了全国范围内教育学学术型研究生学位点的575名研究生授课教师和2102名研究生，结果发现：①在课程数量和质量上，课程数量适中，不同学位点开设的课程质量存在较大差异；②在课程体系的评价上，整体开设水平较高，“基础性”较强，但“灵活性”较弱；③在课程教学方式上，以课堂讲授、专题研讨、小组合作学习为主，较少采用案例和现场教学；④在课程考核方式上，多采用课程论文，较少采用闭卷考试、开卷考试、调研报告、作品呈现的方式；⑤在教材使用情况上，不同类型的教材使用状况不一，整体上使用自编教材或讲义的比例较大，使用国内统编教材、国外教材、外文资料的比例适中，且不同教师间的差异较大，教学内容更新速度处于中上水平；⑥在对学校课程教学管理的评价上，整体处于中上水平，课程审查和课程督导水平较高，对课程评价结果的运用水平较低；⑦在课程学习体验上，研究生课程学习体验整体状况良好，对教师指导的评价较高，对课程参与的评价较低；⑧在课程学习收获上，研究生的课程学习收获整体处于中上水平，学术道德规范方面的收获最大，专业基础知识方面的收获较小。

综合问卷调查结果和访谈信息发现，我国教育学学术型研究生课程建设存在的主要问题如下：①固化的培养目标与多样化现实不契合。其主要表现在单一的培养目标与研究生多样化的个人目标取向不符，尤其是在当前教育学学术型研究生入学动机多元化、就业去向多样化等现实背景下，培养目标与现实之间的差距进一步被拉大。②课程结构不尽合理。学科基础课与专业方向课、必修课与选修课的课程数量比例失衡，跨学科课程有待拓展，课程管理多注重课程体系的完整性，忽视了教师根据个人专长开设相关课程的主体诉求。③各主体参与状况不理想。授课教师、研究生参与课程建设的渠道不通畅，研究生课程监管评价系统和课程教学考核激励机制不健全。④教材的创新性、前沿性、本土化等特色不明显。培养单位的政策和资金支持力度不够，教材开发工作滞后，致使教材的创新性不足，教学内容更新缓慢，前沿性不突出，本土化特色不明显，课程知识的系统性不强。⑤国际化课程建设深度不够。其主要表现在对国际化课程内涵的认识不够透彻，常规性国际化课程数量较少，国际化课程的质量有待提高，课程服务管理体系不健全。

针对我国教育学学术型研究生课程建设存在的主要问题，参照已有相关研究，以及国内外课程建设的有效做法和典型经验，亟须多措并举，整体提升研究生课程建设水平。具体如下：①坚持一个理念，即坚持以融合的课程体系促进研究生全面发展，处理好知与行、人与事、老与新、中与外、教与学的关系；②依托七个参照，即在研究生课程建设中突出课程导向的创新性、体系的育人性、设置的灵活性、内容的系统性、类型的协调性、层次的针对性、考核的开放性；③落实五条路径，即分类定位课程功能取向，理顺知识与兴趣、教师与研究生诉求等之间的关系，完善课程管理和服务制度，加大教材开发力度，增强国际化课程建设的认识并优化实践；④做好八点探索，即起草教育学“研究生核心课程指南”时，应坚持核心课程门数要精简、课程内容要整合、二级方向要体现、主体要求要明确、课程团队要加强、实践比例要突出、授课方式要创新、课程考核要重构的主体思路。

目　录

绪　论

当前，在全面深化研究生教育改革、推进研究生人才培养模式创新的背景下，以课程建设为突破口，梳理国外大学教育学学术型研究生课程建设的有益经验，总结我国教育学学术型研究生课程建设的典型做法，并针对我国教育学学术型研究生课程建设存在的突出问题，提出加强和改进教育学学术型研究生课程建设的策略，对于促进教育学学科持续健康发展、深化我国教育学学术型研究生教育改革、提高高校教育学专业高水平创新人才培养能力等有一定的参考作用。

一、教育学学术型研究生课程建设研究背景

研究生教育是培养拔尖创新人才的重要途径，对于我国建设创新型国家和人力资源强国具有十分重要的现实意义。课程学习是我国学位与研究生教育制度的重要特征，是保障研究生培养质量的必备环节，在研究生成

长成才中发挥着全面、综合、基础性作用。重视课程学习、加强课程建设、提高课程质量，是当前深化研究生教育改革重要而紧迫的任务。其中，强化研究生培养单位的课程建设主体责任，构建符合研究生培养需要的课程体系，建立规范的课程审查机制，加强研究生选课管理，改进研究生课程教学过程，完善课程考核评价制度，提高教师的教学能力和水平，加强课程教学管理与监督以及强化课程政策和条件保障，是提高研究生培养质量的必要途径。

从政策层面看，2010 年，《国家中长期教育改革和发展规划纲要（2010—2020 年）》明确提出，要大力推进研究生培养机制改革，实施“研究生教育创新计划”，不断提高研究生特别是博士生培养质量。2013 年，《教育部 国家发展改革委 财政部关于深化研究生教育改革的意见》进一步要求，要加强研究生课程建设，重视发挥课程教学在研究生培养中的作用，建立健全培养单位课程体系改进、优化机制，规范课程设置审查，加强教学质量评价；增强学术学位研究生课程内容的前沿性；构建符合专业学位特点的课程体系，改革教学内容和方式；探索不同形式的实践教学。2014 年，《教育部关于改进和加强研究生课程建设的意见》从强化研究生培养单位的课程建设责任，构建符合培养需要的课程体系，建立规范、严格的课程审查机制，加强研究生选课管理，改进研究生课程教学，完善课程考核制度，提高教师教学能力和水平，加强课程教学管理与监督，强化政策和条件保障等方面，对全面加强和改进研究生课程建设做出了系统规划和完善的制度安排。2020 年，《教育部 国家发展改革委 财政部关于加快新时代研究生教育改革发展的意见》系统性提出“培养单位要紧密结合经济社会发展需要，完善课程设置、教学内容的审批机制，优化课程体系，加强教材建设，创新教学方式，突出创新能力培养，加强体育美育和劳动实践教育”，这为我国研究生课程改革指明了方向。

从研究层面来看，学术界围绕研究生课程建设的讨论方兴未艾。研究者关注的议题主要包括以下四个方面：①已有关于研究生教育概念、特征和本质的论述；②目前我国研究生教育课程体系存在的主要问题；③国外研究生教育的相关研究；④对我国研究生教育课程体系改革的有关建议。其中，关于研究生教育本质的探讨是构建研究生课程体系的前提和基础；对目前我国研究生教育课程体系建设现状的剖析，特别是近年来出现的一些令人欣喜的实证调查尝试，有助于本次研究访谈提纲和调研问卷的设计；对国内外有关研究生课程建设改革经验的具体分析，则为本次研究提出相关对策和建议提供了借鉴。

从我国各教育学学术型研究生培养单位对课程建设经验的总结来看，研究生课程建设的改革措施与预期成效尚有差距，一些学位点对加强和改进研究生课程建设的反应较为缓慢和冷淡。目前存在的普遍性问题主要有以下几个方面：①培养方案、培养目标与学生发展需求、社会需求存在一定程度的脱节。②以二级学科设置课程来培养研究生，导致研究生的知识结构窄化，适应能力较差。③课程体系和结构不尽合理。④课程内容的研究性、前沿性不够，研究生教材建设滞后。⑤教学方法和评价方式比较单一。⑥课程建设各主体的参与状况不理想，积极性有待进一步增强。⑦课程建设相关研究与实践脱节的现象较为突出。例如，国内成功的研究生课程建设经验得不到有效交流和推广，对国外先进的理论与实践经验在微观层面的深入挖掘、阐述和评价不够，缺少本土化过程，借鉴性不强等。⑧多数研究侧重宏观层面，而对于微观层面的阐述较少，如对学科之间的差异性和特殊性的关注不够，对分科类进行课程体系设计和改革的论述不深入，对某一具体学科层面上研究生课程方案如何设置、课程内容如何选择、怎样实施课程评价等问题提出的相关主张显得较为宽泛，学科指向性和针对性不强。

总的来看，研究生课程建设越来越被提到更加突出的位置，但对各具体学科研究生课程建设得怎样、受什么影响、巩固什么、借鉴什么、怎样改进，学术界、实践界与管理界各方见仁见智，意见并不一致，特别是关于教育学学术型研究生课程建设存在的实际困难和制度机制障碍如何破解等关键问题，既需要对实践经验进行梳理与总结，亦需要定性与定量相结合的政策分析，还需要理论层面的凝练与提升。

二、教育学学术型研究生课程建设研究目标与总体思路

深入研究新形势下的研究生教育规律，借鉴和引进国外研究生教育改革的有效做法，了解目前我国教育学学术型研究生课程建设的现状和存在的问题，分析其原因，寻找解决问题的途径，可为有关部门制定相关政策措施提供理论依据和操作性建议。本书拟回答的具体问题包括：①目前我国教育学学术型研究生课程建设的实际情况如何？②培养目标和培养方案的制订情况如何？③课程设置、教学内容和教材教案的建设情况如何？④教学方法和评价方式情况如何？⑤对于发达国家同一学科或相近学科学术型研究生课程制度建设的经验，我们如何借鉴？与国际上同一学科或相近学科比较，我国的教学模式有何差异，原因何在，今后如何改进？

本次研究的总体思路是：基于与发达国家教育学科的比较研究确定研究问题的重点，借助对我国各教育学研究生授权点课程建设典型案例的对比分析，明确研究的实践起点，然后根据研究问题对我国教育学学术型研究生课程建设相关的教师、研究生、管理人员进行访谈调查和问卷调查。最后，根据前期比较研究和案例研究发现的国内外教育学研究生课程建设的有益经验，针对我国教育学学术型研究生课程建设面临的困难、问题及其原因，探讨今后有利于推进我国教育学学术型研究生课程建设的相关对策和有效措施，促使各学位点的政策环境朝着更有利于进一步改进教育学学术型研究生课程建设状况、提高培养质量的方向发展。

三、教育学学术型研究生课程建设研究进程

2015 年 11 月，教育部学位管理与研究生教育司下达调研委托任务。

2016 年 3 月，北京师范大学课题组专门召开会议，领会调研精神，明确调研目标，确定调研方案，组建调研团队，切实推进调研工作的开展。

2016 年 4—5 月，课题组在征求专家意见的基础上，完善和细化了调研方案，明确本次调研工作以实地走访和问卷调查为主要形式。

2016 年 5 月中下旬，课题组分 3 个调研小组，先后走访陕西、湖北、重庆、四川、湖南等，对陕西师范大学、华中科技大学、西南大学、四川师范大学、华中师范大学、湖南师范大学 6 个教育学一级学科博士点高校，以及西安交通大学、西安外国语大学、重庆师范大学、湖南大学、中国地质大学 5 个教育学一级学科硕士点高校进行了实地走访，开展教师和研究生座谈共计 20 余场，参与座谈师生逾 300 人次。在此期间，课题组对问卷的编制和试测工作也同时推进。

2016 年 6—7 月，课题组完成问卷定稿，并开始对全国范围内 26 个教育学一级学科博士点和 88 个一级学科硕士点开展在线问卷调查，对象包括各学位授权点全体教师和学术学位研究生，时间为期一个月。最终回收有效的教师问卷 575 份、研究生问卷 2102 份。在这期间，课题组还进行了函件调研。

2016 年 8 月，课题组着手对前期出差调研和 10 个博士点、23 个硕士点函件调研获得的资料进行文字整理，并对在线问卷调查的数据进行统计分析。

2016 年 9—12 月，课题组对调研材料和数据分析资料进行统一整理，撰写并修改完成调研报告。

2017 年 1 月至 2020 年 10 月，课题组反复讨论报告，补充调研数据资料，经多轮修改后形成教育学学术型研究生课程建设报告。

第一章 教育学学术型研究生课程建设研究概况

本书基于先前的研究，既有学习借鉴之处，也有深化拓展之处。调研前期，笔者围绕教育学学术型研究生课程建设主题对已有研究进行了梳理。根据本次研究的主题和拟解决的重点问题，本次研究与已有研究密切相关的内容主要包括教育学学术型研究生课程目标、课程设置、课程内容、课程教学、课程评价等。本次研究在充分参考已有研究的基础上，在研究对象、研究方法和研究内容等方面都有所拓展和创新，力求更加全面、准确地把握教育学学术型研究生课程建设状况。

第一节　国内教育学学术型研究生课程建设研究概况

国内已有研究对我国教育学学术型研究生课程建设中的重要理论和实践问题进行了较为深入的探索，研究内容既涉及课程目标、课程设置、课程内容、课程教学、课程评价等课程建设过程中的关键要素，也涉及对世界主要国家教育学学术型研究生课程建设有益经验的总结和分析。

一、教育学学术型研究生课程目标

课程目标是课程建设的依据，在课程建设过程中发挥着基础性作用，课程目标与人才培养目标具有内在的统一性，课程目标研究多体现在人才培养目标的研究中。对教育学学术型研究生课程目标的研究主要涉及课程目标的基本状况、存在的问题及优化策略三个方面。研究发现，我国教育学学术型研究生课程目标基本符合国家要求，但还存在与实践要求契合度不高的问题，亟须在改革中做出调整。

（一）课程目标的基本状况

对于教育学学术型研究生课程目标设计，多数研究者认为尽管不同类型高校的课程目标存在一定的差异，但基本能够与国家要求保持一致，致力于培养全面发展的复合型专门人才。例如，一项对 12 所高校教育学学术型研究生课程设置的比较研究发现，不同类型高校的人才培养目标存在较大差异，理工类院校更重视培养研究生的实际工作能力，师范类院校更强调将研究生培养成为教育教学类专门人才，综合类大学则倾向将研究生培养成为复合型人才。整体而言，无论哪种类型的高校，其课程目标大体上与国家的基本要求保持一致，旨在培养具有扎实教育理论基础、先进教育理念、较高学术道德素质、良好学术能力的复合型专门人才。[①]还有研究对上海师范大学比较教育学专业硕士研究生培养目标进行了分析，发现其培养目标可分为德育目标、体育目标、智育目标三大类，同时兼顾我国高校研究生培养的共同目标、身体素质目标与专业发展目标，旨在促进学生的全面发展。[②]

（二）课程目标存在的问题

多数研究认为，我国教育学学术型研究生课程目标存在学术性目标占主导而对应用性目标关注不足、与社会实践需求的契合度不高、研究生类型和层次差异不明显等问题，在一定程度上影响了课程体系设计的科学性。

第一，培养目标以学术性目标为主，应用性目标相对被忽视。有研究通过对 5 所高校教育学学术型研究生培养方案进行分析发现，当前我国教育学学术型研究生培养目标整体上呈现出学术性占主导、应用性处于次要位置的现状，这种结构不利于学科的健康持续发展。[③]同时，也有研究认为尽管一些高校教育学学术型研究生课程目标的文本陈述涵盖学术性目标和应用性目标，但在实际培养过程中往往会出现学术性目标涵盖应用性目标的倾向，缺乏与应用性目标相配套的具体措施。[④]除此之外，还有研究通过对培养方案进行深入分析发现，多数高校教育学学术型研究生在培养目标上的差异并不明显，趋于相同，还有部分高校对于到底是培养

---

① 陈善志，冯建民. 2018. 我国高等教育学硕士研究生课程设置比较研究——基于 12 所高校培养方案的分析[J]. 长江师范学院学报，(6)：103-113, 122.

② 王葛平. 2019. 比较教育学专业硕士研究生培养方案比较——以哥伦比亚大学和上海师范大学为例[J]. 中国高等教育评估，(4)：51-55.

③ 陈钢，何加飞. 2009. 职业技术教育学应用型研究生的培养目标与模式探讨[J]. 职业技术教育，(28)：24-26.

④ 全丽娟. 2006. 理工科院校教育类研究生的培养研究[D]. 西安：西安电子科技大学：8.

学术型人才还是应用型人才的定位较为模糊，使得人才培养随大流、特色不彰。①

第二，培养目标与社会实践需求、学生的实际情况的契合度较低，高校未能及时调整人才培养目标。有研究认为，随着当前社会就业形势、研究生学习动机等的变化，高校并没有及时调整人才培养目标，而是继续按照模糊的目标定位进行培养，这在很大程度上影响了人才培养的质量。②也有研究认为，随着社会对人才需求的日益多样化、学生职业选择的多元化，高校培养科研型、教学型人才的单一人才培养目标已经很难适应实践的发展状况。③还有研究指出，当前以理论学习和研究为主的培养目标与跨学科生源较多、文科学习规律等现实不符，存在目标定位过高而又难以达到的问题，既不能秉承理论研究与抽象思维，也难以通过实际操作解决现实问题，而且不科学的人才培养目标使得课程目标设计不够合理。④

第三，不同层次和类型研究生的培养目标的差异不明显。有研究认为，不同层次和类型的教育学学术型研究生应该有不同的培养目标，以不同的人才培养目标导向设计相应的课程体系，才能更好地促进人才培养目标的实现，满足社会对多样化人才的需求。但从实际情况来看，不同层次和类型的教育学学术型研究生培养目标的差异不大，课程目标的差异不显著，这种差异在课程体系上的体现也不够明显。⑤

（三）课程目标的优化策略

对教育学学术型研究生培养目标的进一步优化，应在国家的统一要求下，结合社会需求和高校的实际情况进行，以促进研究生的全面发展为导

① 曾美良. 2018. 我国高等教育学硕士研究生培养方案比较研究[D]. 重庆：重庆师范大学：38.

② 曾美良. 2018. 我国高等教育学硕士研究生培养方案比较研究[D]. 重庆：重庆师范大学：38.

③ 马云阔，吴亚会. 2019 .提升教育学学术型硕士研究生培养质量的策略[J]. 教育探索，(2)：74-78.

④ 张忠华. 2016. 教育学硕士研究生培养的困境与出路[J]. 研究生教育研究，(3)：49-53.

⑤ 李海生，范国睿. 2010. 硕士研究生课程设置存在的问题及思考[J]. 学位与研究生教育，(7)：59-63.

向，分类设计人才培养目标，突出教育学学术型研究生培养的实践性和应用性。

第一，课程目标应突出培养研究生的综合素质，促进其以创新实践能力为核心的综合素养的全面发展。有研究认为，教育学学术型研究生课程目标设计应以促进学生全面发展为导向，在知识目标上应注重专业知识的前沿性、专深性与广博性，在能力目标上应处理好一般能力与自主学习能力、批判思维能力、创新能力、交流合作能力之间的关系，在素质结构目标上应关注学生的专业素质、文化素质、身心素质等的全面发展。①还有研究指出，各高校应根据国家对教育学专业研究生人才培养的基本要求，结合学校自身特点和社会对人才的需求，科学地设置多样化的人才培养目标，着重培养学生以科研能力、实践能力、创新能力为核心的实践素养，促使学生成为“一专多能”的复合型创新人才。②

第二，应在国家的统一要求下，结合实际情况对课程目标进行分类设计。有研究指出，教育学学术型研究生的培养目标设计应坚持多样性和统一性相结合，在统一的大方向下设计多元化的目标体系。③结合实践状况来看，应重新审视教育学硕士研究生的培养目标，既要看到其要为博士培养提供优质生源，又要看到大多数学生要走上工作岗位的现实。④在操作层面，各高校应致力于培养社会实践需要的专业人才，在国家基本要求的框架下，结合社会需求和学校办学优势，清晰地定位人才培养目标，对于学术型人才培养，应将目标瞄准为为培养博士生提供生源，更倾向培养其扎实的专业理论知识和科学研究能力；对于应用型人才培养，应使学生在掌握专业理论知识的基础上，重在培养其面向实际的组织管理、统筹协调

---

① 蒋小满，张斌荣. 2009. 论硕士研究生课程目标的三个内涵[J]. 鲁东大学学报（哲学社会科学版），(4)：95-99.

② 马云阔，吴亚会. 2019. 提升教育学学术型硕士研究生培养质量的策略[J]. 教育探索，(2)：74-78.

③ 王楠. 2013 .国内职业技术教育学硕士研究生人才培养模式比较研究[D]. 沈阳：沈阳师范大学：2-20.

④ 张忠华. 2016. 教育学硕士研究生培养的困境与出路[J]. 研究生教育研究，(3)：49-53.

等方面的工作能力。[①]

第三，课程目标应面向社会实践，突出培养目标的应用性。有研究认为，虽然教育学硕士研究生培养不可避免地要为博士生培养提供生源，但随着我国教育学硕士研究生教育规模的快速扩大，绝大多数硕士研究生会在毕业后就走上工作岗位，所以应更多地突出教育学硕士研究生培养的应用性，着重培养学生的实际工作能力。[②]也有研究指出，在教育学硕士研究生培养目标的调整上，应大力强化应用性导向，尤其是职业技术教育学等更加偏向应用的专业，应更加凸显人才培养的"实践性"特征，注重培养研究生的创新实践能力。[③]

二、教育学学术型研究生课程设置

课程设置研究是教育学学术型研究生课程建设研究的重点，研究内容涉及课程设置的基本类型、存在的主要问题及优化策略。有研究认为，我国教育学学术型研究生课程主要分为公共课程、专业课程、选修课程三类，课程设置还存在结构不合理、针对性不强、创新性不够等问题，优化课程设置应科学调整课程结构，强化不同培养类型和层次之间的差异，突出课程体系的应用性、灵活性、创新性。

（一）课程设置的基本类型

综合已有相关研究发现，我国高校教育学学术型研究生课程主要分为公共课程、专业课程、实践课程三大类，其中公共课程可以分为公共必修课程和公共选修课程，专业课程又包括专业基础课程、专业方向课程和专业选修课程三类，实践课程主要有实践锻炼环节和科研训练部分。

---

① 张姝. 2011. 我国高等教育学专业硕士研究生培养方案模式研究[D]. 上海：上海师范大学：18.

② 张忠华. 2016. 教育学硕士研究生培养的困境与出路[J]. 研究生教育研究，(3)：49-53.

③ 刘晓，石伟平. 2010. 职业技术教育学应用型硕士研究生培养：理想、现实与抉择[J]. 教育科学，(3)：76-80.

有研究对我国高校教育学学术型研究生学位点进行了整体的实证分析，如有研究对6所部属师范大学的教育学学术型研究生课程设置状况进行了分析，发现公共必修课程大同小异，主要目的在于提高研究生的马克思主义理论水平和英语水平，专业课程可分为专业必修课程和选修课程，主要围绕教育学基础学科和相关学科设置课程体系，实践课程可以分为实践和科研训练，另外还要求同等学力或跨学科考生补修本学科本科主干课程至少3门，且要与本科生同堂同卷，不计学分。[①]有研究对12所高校的教育学硕士研究生培养方案进行了对比分析，发现各高校主要设置了必修课程、选修课程和实践课程三大类，其中公共必修模块和专业基础模块是必修课程，公共选修模块和专业选修模块是选修课程，实践环节和学术活动为实践课程。[②]

有研究对省属地方高校教育学学术型研究生课程设置状况进行了研究，如有研究发现地方高校教育学学术型研究生课程体系的设置模式基本均为“理论课程+实践课程”，理论课程一般包括学位公共课、学位基础课、学位专业课、选修课，实践课程主要包括实践锻炼环节、参加学术活动、科研训练、课程论文和学位论文等。[③]研究者对省属高校教育学硕士研究生课程设置进行分析发现，相关课程主要可以分为通识公共课程、专业基础课程、专业方向课程、选修课程四大类。[④]从必修和选修的角度来看，教育学硕士研究生课程整体上可分为必修课程与选修课程两大类，必修课程又分为公共课、学位基础课和学位专业课，选修课程分为公共选修课和专业选修课，此外还有针对同等学力者的补修课程、实习及社会实践

---

① 王秋菊. 2009. 教育学原理研究生课程设置的思考——以教育部部署六所全国重点师范院校为例[J]. 当代教育论坛(下半月刊), (10): 60-62.

② 陈善志, 冯建民. 2018. 我国高等教育学硕士研究生课程设置比较研究——基于12所高校培养方案的分析[J]. 长江师范学院学报, (6): 103-113, 122.

③ 王德广. 2009. 地方高校高等教育学专业硕士研究生课程设置的现状及对策研究——以三峡大学高等教育学专业课程设置为例[J]. 三峡大学学报(人文社会科学版), (S1): 262-264.

④ 王德广, 余红梅. 2009. 省属综合性大学高等教育学硕士研究生培养现状与对策[J]. 黑龙江高教研究, (7): 151-153.

活动等。[①]

另外，还有研究对教育学学术型研究生国际化课程进行了研究，认为研究生国际化培养已经是大势所趋，是开阔视野、培养创新性思维、提高培养质量的重要举措。我国高校的教育学学术型研究生国际化培养方式主要有邀请国外专家来校讲学、互派学生留学或访学、开设专门的国际化课程、鼓励研究生开展国际交流、充分利用有国外留学经历的教师等，而且正呈现出内容丰富、形式多样的发展趋势。[②]

（二）课程设置存在的问题

教育学学术型研究生课程设置存在课程结构不合理，对方法类课程重视不够，课程的整体性、灵活性、创新性不足，以及课程设置与研究生教育的层次和类型不匹配等问题。

第一，课程结构不合理，不同类型的课程比例设置不当，实践环节未受到足够重视。例如，有研究对 5 所高校教育学学术型研究生人才培养方案进行了分析，发现其课程分类标准不统一，在具体课程类型上，公共学位课程与专业课程之间，必修课程、选修课程与实践类课程之间的比例失衡，课程的专业性过强，而实践环节还未受到足够重视。[③]有研究在对中美教育学学术型研究生课程设置的对比分析中发现，我国教育学学术型研究生课程设置存在课程结构不合理，公共课程、专业基础课程、研究方法课程与跨学科课程之间的比例不协调等问题。[④]进一步研究发现，教育学学术型研究生课程结构不合理，主要表现在公共课程的课时和学分所占比例过大、专业选修课程数量较少，课程具体类型与专业方向和实践的联系

① 王葛平. 2019. 比较教育学专业硕士研究生培养方案比较——以哥伦比亚大学和上海师范大学为例[J]. 中国高等教育评估，(4)：51-55.

② 施贵菊，杜尚荣. 2016. 论教育学专业研究生培养的国际化及其实现路径[J]. 教育与教学研究，(7)：57-62.

③ 曾美良. 2018. 我国高等教育学硕士研究生培养方案比较研究[D]. 重庆：重庆师范大学：39-40.

④ 张蕾娜. 2005. 中美高等教育学专业研究生教育比较研究[D]. 武汉：华中科技大学：28.

不够紧密，课程内容整体较为陈旧，教材的前沿性和系统性不强。[①]同时，有研究通过对课程类型进行具体研究认为，我国教育学学术型研究生课程设置存在公共课与选修课比例不合理，公共课比例过大，通识课程较多而专业课程较少，忽视了就业指导和创业课程等应用性课程的开设，校本课程、前沿性课程、跨学科课程较为缺乏等问题。[②]

第二，课程设置上过于重视专业理论知识的学习，相对忽视了方法论和研究方法的训练。有研究认为，教育学学术型研究生课程设置侧重于专业课程，过于重视理论知识的学习，选修课程的种类过少、涉及的知识面较窄，课程结构的专业针对性不强，以专业理论知识学习为主的课程结构难以满足生源多样化的需要。[③]同时，有研究明确指出，一些高校在教育学学术型研究生课程设置上过度重视知识灌输，相对忽视了对研究方法的训练和指导[④]，在课程内容的设置上重复且滞后，整体上重知识、轻方法，课程设置不合理且理论性太强。[⑤]还有研究对研究方法课程进行分析发现，我国教育学学术型研究生的方法论和研究方法课程的开设存在学校重视程度不够、课程开设模式与教学模式比较单一，以及跨专业学生较多的现实给教学带来较大的困难等实际问题，这在很大程度上影响了学生对方法、技能的学习。[⑥]还有研究者对学校具体案例进行了研究，如一项对天津职业技术师范大学教育学学术型研究生课程设置情况的调研发现，培养复合型人才成为课程教学活动的主要目标，但学校开设的课程类型及数量

---

① 王德广. 2009. 地方高校高等教育学专业硕士研究生课程设置的现状及对策研究——以三峡大学高等教育学专业课程设置为例[J]. 三峡大学学报（人文社会科学版），31（S1）：262-264.

② 刘巧玲，刘志兵. 2016. 职业技术教育学硕士研究生课程设置探究[J]. 黑龙江教育（高教研究与评估），（1）：69-70.

③ 高忠明. 2014. 职业技术教育学硕士研究生培养研究[J]. 职教论坛，（6）：16-19.

④ 王德广. 2009. 地方高校高等教育学专业硕士研究生课程设置的现状及对策研究——以三峡大学高等教育学专业课程设置为例[J]. 三峡大学学报（人文社会科学版），31（S1）：262-264.

⑤ 张霖，卢雅琳. 2008. 对我国高等教育学专业硕士生课程设置的思考[J]. 黑龙江教育（高教研究与评估），（6）：28-29.

⑥ 孙冬梅，张霞. 2010. 教育学研究生阶段教育研究方法课程研究——以厦门大学教育研究院为例[J]. 内蒙古师范大学学报（教育科学版），（3）：54-56.

无法满足学生的需求，公共课程重复较多、针对性不强，选修课程设置不够丰富，学生参与学术讨论和学术会议不够频繁，参与的科研课题数量不多，学生的专业知识技能创新和解决问题的能力还有待强化。①

第三，课程设置的规范性不够，随意性较大，重复性课程较多，课程体系的整体性、灵活性、交叉性、创新性不足。例如，有研究者对教育学硕士研究生课程的设置状况进行了整体分析，发现课程设置存在弹性不足、具有明显的模块组合特征，课程设置过于狭窄，缺乏系统性和整体性，部分课程内容比较陈旧，研究性和前沿性不足，跨学科课程偏少，课程设置的随意性较大，校本课程建设力度不够等问题。②研究发现，这可能是课程设置缺乏整体设计、课程设置权力过于集中、学生未能参与课程体系设计等原因，导致课程设置难以满足学生的发展需求。③同时，有研究进一步认为，教育学学术型研究生课程设置的规范性和科学性不够，主要表现在专业基础课程按照二级学科专业的口径设置，使得学生的知识面偏窄，课程设置的规范性欠缺，因人设课、按照研究方向制订培养方案的现象普遍，课程体系较为封闭，前沿性、创新性、交叉性不足。④也有研究指出，教育学学术型研究生课程的广度不够，对交叉学科知识的关注不足，课程的新鲜度不高，未能及时反映学科专业发展和生产实践前沿进展，使得课程的创新性不强。⑤对教育学学术型研究生跨学科课程的研究发现，跨学科课程存在学校政策支持缺失、缺少不同学科研究能力训练、对学生的团结协作意识培养不够、缺乏资金和平台支持、咨询及评估体系不完善

---

① 刘尚儒，邵长兰. 2018. 对职业技术教育学硕士研究生课程设置的分析及思考[J]. 天津职业技术师范大学学报，(4)：63-67.

② 廖波光，邹立君. 2007. 完善职业技术教育学硕士研究生课程设置的思考[J]. 职教论坛，(4)：27-29.

③ 李双. 2009. 我国硕士研究生课程设置存在的问题与对策探析[J]. 中国农业银行武汉培训学院学报，(1)：63-64.

④ 尹伟，彭林. 2002. 关于我国硕士研究生课程几个问题的思考[J]. 零陵学院学报，(S2)：131-133.

⑤ 靳亚楠，姚远峰. 2015. 教育学原理学术型硕士研究生专业课程构建的“三维度”分析——以某师范大学为例[J]. 河南科技学院学报，(4)：86-89.

等问题。[①]

第四，课程设置与研究生教育的层次和类型不匹配，课程体系的共性有余而个性不足。从理论上讲，不同教育层次、不同培养类型、不同专业方向学生的课程设置应该存在一定的差异，即便这些因素都是相同的，不同学校相关专业的课程设置也应有所不同。但有研究发现，目前我国高校教育学学术型研究生课程体系存在共性研究有余、对个性研究关注不足的问题，主要表现在同一专业不同方向的研究生课程差异不大、课程设置的针对性不强。[②]对于课程设置与培养层次关系的问题，有研究对某师范大学教育学学术型研究生课程的设置情况进行分析发现，课程的深度不够且与研究生的教育层次不相匹配。[③]具体来说，目前我国教育学学术型研究生课程设置过于狭窄，缺乏系统性和整体性，与本科生课程之间的关系未能得到较好的处理，课程的学校特色和学科特色不显著[④]；课程设置的层级性不突出，研究生与本科生的课程在学习内容和难度、深度上的差别不大，课程学习与科研训练的结合不紧密，课程设置未能充分体现培养目标，难以促进研究生形成个性化的知识结构。[⑤]

（三）课程设置的优化策略

优化教育学学术型研究生课程体系，应根据实践需要不断调整课程结构，优化不同类型课程之间的比例关系，突出课程体系的灵活性，突出不同培养类型和层次之间的差异性，合理安排选修课程，重视方法类、实践类和跨学科课程的设置。

---

① 贾川. 2008. 中美跨学科研究生培养项目对比分析[J]. 上海工程技术大学教育研究,（3）: 57-61.

② 于忠海，赵玮芳. 2011. 研究生课程“研究性”弱化归因及其改进理念和策略[J]. 学位与研究生教育,（4）: 34-38.

③ 靳亚楠，姚远峰. 2015. 教育学原理学术型硕士研究生专业课程构建的“三维度”分析——以某师范大学为例[J]. 河南科技学院学报,（4）: 86-89.

④ 李红英. 2006. 我国硕士研究生课程设置的现状、问题及改进[J]. 煤炭高等教育,（2）: 76-77, 103.

⑤ 罗尧成，付莹莹. 2009. 回归本质：研究生教育课程设置的问题分析及改革思考[J]. 中国高教研究,（7）: 35-37.

第一，优化课程体系应大力加强研究生课程建设，不断调整和优化课程结构体系，科学地设计不同类型课程之间的比例关系。在课程建设的方向上，有研究认为应使课程体系与培养目标相适应，完善相关制度，为课程建设提供积极的激励和支持，建立科学的课程开设的评估制度，不断深化研究生课程改革，优化课程结构①；加大课程开发力度，增加专业基础课程数量，及时更新专业课程内容，拓展教育学学术型研究生专业课程的深度、广度，提高其新鲜度。②具体来说，应加强基础理论课程设置，树立理论知识学习与实践能力培养并重的研究生培养观念，注重课程设置的前沿性和交叉性，充分利用校外课程资源开发校本课程。③在操作层面，应建立统一的课程分类标准，适当提高选修课程和实践类课程的比例，扩大课程设置的学科范围，增加交叉学科课程、边缘学科课程、跨学科课程、语言工具类课程、研究方法类课程等，强化对学生专业实践素养的培育。④

第二，课程设置应突出课程体系的灵活性，给研究生更多的选择余地。不同于本科生，研究生已经对相关专业领域的知识和技能有了一定程度的了解，且学习和研究能力也相对较强，所以过于封闭的课程设置方式反而不利于学生的学习和发展，亟须增强课程体系的灵活性和开放性，给学生更大的选择空间。对此，有研究认为在教育学学术型研究生课程设置上，应突出课程类型的多样性和灵活性，除了要开足必修的学位课程之外，应尽可能多地设置相应的选修课程类型和数量，为不同类型和有不同学习目标的研究生提供更多选择。⑤也有研究认为在研究生课程设置上，应注意

---

① 李海生，范国睿. 2010. 硕士研究生课程设置存在的问题及思考[J]. 学位与研究生教育，(7)：59-63.

② 靳亚楠，姚远峰. 2015. 教育学原理学术型硕士研究生专业课程构建的“三维度”分析——以某师范大学为例[J]. 河南科技学院学报，(4)：86-89.

③ 廖波光，邹立君. 2007. 完善职业技术教育学硕士研究生课程设置的思考[J]. 职教论坛，(4)：27-29.

④ 曾美良. 2018. 我国高等教育学硕士研究生培养方案比较研究[D]. 重庆：重庆师范大学：48.

⑤ 王德广，余红梅. 2008. 地方大学高等教育学硕士研究生培养模式的改革与构想[J]. 广东工业大学学报（社会科学版），(3)：4-7.

既要覆盖教学大纲的所有要求，也应考虑到学生的实际水平，使课程设置具有一定的灵活性，给予学习者一定的选择余地，体现新的教学思想和教学理论，注重促进学生综合素质的提升。①

第三，课程设置应强化不同研究生培养类型和层次之间的差异，在满足国家统一要求的基础上，注重突出学校的优势和特色。有研究认为，应促进教育学专业本硕、硕博课程设置一体化，优化课程结构体系，引导学生有序参与课程设置过程，使课程结构更加契合学生的需求②；应使不同具体专业和学位类型的研究生课程设置有所区别，体现学科专业和培养目标的差异③。具体来说，应以不同类型、层次或专业研究生的培养目标为指导，科学合理地设置课程体系，强化研究性课程、研究方法类课程的设置，增加选修课程的类型和数量，根据学科专业发展情况及时调整课程结构，使人才培养目标差异落实到课程体系上来。④

第四，课程设置应合理安排选修课程，不断丰富选修课程类型、增加课程数量，满足学生多元化的学习需求。选修课程的设置，应立足学科专业方向，强化对选修课程的分析和研究，不断丰富、拓展选修课程的数量和种类。⑤有研究提出了“两段式选修课程”体系，认为应将选修课程分为“早期选修课程”和“晚期选修课程”两类，第一阶段开设限定选修课程，重在为研究生文化素质教育提供载体，第二阶段强化实习选修课程，重在培养学生的专业素质。⑥还有研究提出了“外围选修课程”的

---

① 罗立胜，喻洁，郝慕侠. 2001. 略论硕士研究生英语课程设置[J]. 清华大学教育研究，(2)：156-159.

② 李双. 2009. 我国硕士研究生课程设置存在的问题与对策探析[J]. 中国农业银行武汉培训学院学报，(1)：63-64.

③ 王德广，余红梅. 2008. 地方大学高等教育学硕士研究生培养模式的改革与构想[J]. 广东工业大学学报(社会科学版)，(3)：4-7.

④ 王德广. 2009. 地方高校高等教育学专业硕士研究生课程设置的现状及对策研究——以三峡大学高等教育学专业课程设置为例[J]. 三峡大学学报(人文社会科学版)，(S1)：262-264.

⑤ 易素红，饶异伦. 2008. 关于职业技术教育学硕士研究生选修课程的设置[J]. 职业教育研究，(4)：33-34.

⑥ 周同甫，周伦惠，刘文秀，等. 2000. “两段式选修课程”体系在医科课程改革中的实践[J]. 中国大学教学，(3)：15-16.

方式，认为应组织编写规范的选修课程简介，使学生能够明确课程名称、学时学分、授课教师、开课目的、内容要点、考核方式、建议选课对象等课程的基本信息，从而促使学生结合自身的专业特点和学习需求精准地选择自己需要的课程，降低选修课程开设的盲目性。[①]

第五，课程设置应强化课程的应用性导向，突出研究方法类课程的重要性，完善实践环节的制度设计。有研究认为，教育学学术型研究生课程建设应遵循前瞻性原则，加强与各相关领域用人单位的密切合作，适当提高应用性课程比例，将选修课程与跨学科课程资源相整合，将职业指导相关课程纳入专业必修课，构建合理的课程结构体系[②]；加强专业特色课程的设置，突出实践类课程的重要性[③]。对于研究方法类课程，应转变思想观念，重视教育学学术型研究生研究方法课程的开设，更多地采用师生互动的教学方式，善于运用好已有教材和创新教学内容，采用知行互动的学习模式，加强对研究方法课程的研究与探索，提高课程质量。[④]

第六，课程设置应强化跨学科课程建设，搭建跨学科课程平台，充分利用多学科优势培养研究生的复合创新能力。有研究指出，教育学学术型研究生课程设置应坚持“宽口径，厚基础”的原则，在加强基础课程开设、拓宽学生的知识面、拓宽研究生培养口径的同时，进一步规范课程体系，更加注重跨学科课程的开设，加强专业、学科、校际课程的联系和交流，建立开放的课程体系。[⑤]也有研究认为，应注重跨学科课程的设置，突出课程内容的前沿性、科学性和创新性，合理调整课程结构，突出课程设置

---

① 苗贵松，孙钦荣. 2005. 高校艺术类选修课程体系建设与管理规范[J]. 贵州大学学报(艺术版)，(4)：79-82.

② 刘尚儒，邵长兰. 2018. 对职业技术教育学硕士研究生课程设置的分析及思考[J]. 天津职业技术师范大学学报，(4)：63-67, 72.

③ 刘诗能，树伟. 2005. 培养我们自己的硕士：目标与模式[J]. 职业技术教育，(18)：42-47.

④ 孙冬梅，张霞. 2010. 教育学研究生阶段教育研究方法课程研究——以厦门大学教育研究院为例[J]. 内蒙古师范大学学报(教育科学版)，(3)：54-56.

⑤ 尹伟，彭林. 2002. 关于我国硕士研究生课程几个问题的思考[J]. 零陵学院学报，(S2)：131-133.

的个性化。①在具体操作层面，可采用一级学科培养、跨学科门类培养、研究团队培养、个性化培养等研究生跨学科培养模式，以多学科的知识内容结构促进学生复合型能力的提升。②尤其是很有必要组建更多的跨学科研究平台与研究生培养机构，科学地调整培养方案和课程结构体系，夯实对研究生进行跨学科培养的根基。③

三、教育学学术型研究生课程内容

课程内容是课程建设的重点领域，对教育学学术型研究生课程内容的研究，主要关注课程内容存在的问题及优化策略两个方面。有研究认为，当前教育学学术型研究生课程内容存在内容较为陈旧、前沿性和创新性不足等突出问题，应系统设计课程内容体系，及时更新课程内容，增强课程内容对教学实践的适用性。

（一）课程内容存在的问题

课程内容方面存在的问题主要表现为教育学学术型研究生课程内容较为陈旧，系统性、应用性、前沿性、创新性不足，对研究生教育学教学的实践适用性不强。有研究对 12 所高校教育学硕士研究生培养方案进行对比分析发现，课程内容对前沿热点的关注不够，教学内容较为陈旧，跨学科和国际化的课程内容较少，院校办学理念和特色不突出。④在教材建设层面，有研究发现，一些高校对教育学学术型研究生教材建设的重视程度较低，致使高水平研究生教材缺乏，教材内容比较陈旧、系统性不强、

① 刘哲. 2011. 中美比较视角下教育学硕士研究生课程设置研究[D]. 南昌：南昌大学：39-42；宝勒尔图雅. 2020. 中蒙教育学硕士研究生课程比较研究[D]. 哈尔滨：哈尔滨师范大学：128-138.

② 何跃，张伟，郑毅. 2011. 研究生跨学科培养模式探索[J]. 国家教育行政学院学报，(7)：31-34.

③ 周叶中. 2007. 关于跨学科培养研究生的思考[J]. 学位与研究生教育，(8)：7-11.

④ 陈善志，冯建民. 2018. 我国高等教育学硕士研究生课程设置比较研究——基于 12 所高校培养方案的分析[J]. 长江师范学院学报，(6)：103-113.

前沿性不足，研究生教材建设与学科专业发展和相关领域实践前沿的联系不够紧密。[①]也有研究认为，教育学硕士研究生教材较为缺乏，现有的教材又多以理论内容为主，实践教材还未引起足够重视，教材内容较为陈旧，重复性严重。[②]还有研究发现，教育学学术型研究生教材内容和形式过于僵化，具体表现在教材内容过于陈旧、更新速度缓慢，理论性太强、与实践的结合不够紧密，重复内容太多、新颖性不足，不利于对创新人才的培养，与研究生人才培养目标要求的匹配度较低。[③]

（二）课程内容的优化策略

优化教育学学术型研究生课程内容，应在系统设计课程内容的基础上密切关注学科专业前沿动态，及时引入最新的知识内容体系，突出课程内容的系统性、动态性、创新性。有研究指出，在教育学学术型研究生课程内容上，应在加强专业基础知识内容的同时，注重方法论和研究方法课程内容的设计，也应及时更新选修课程内容，引入教育国际前沿热点和知识内容，在学生系统学习专业基础知识的基础上，培养其跨学科、跨领域的创新能力。[④]在研究生课程内容调整上，应遵循课程内容的基础性、动态性、交叉性、研究性、连续性等原则。[⑤]在教材建设上，应适当引入原版外语教材，教材开发应强化能力本位观，教材内容应适当反映相关学科领域的新发展，注重理论与实践相结合，强化对实践教材的开发。[⑥]

---

① 王德广，余红梅. 2008. 地方大学高等教育学硕士研究生培养模式的改革与构想[J]. 广东工业大学学报（社会科学版），(3)：4-7.

② 张莎，张新民. 2011. 对职业教育学硕士研究生教材开发的思考[J]. 当代教育论坛（综合研究），(7)：112-113.

③ 安冬平. 2006. 教育学专业研究生培养中的问题及对策研究[J]. 扬州大学学报（高教研究版），(5)：52-54.

④ 陈善志，冯建民. 2018. 我国高等教育学硕士研究生课程设置比较研究——基于12所高校培养方案的分析[J]. 长江师范学院学报，(6)：103-113.

⑤ 马金晶. 2009. 我国教育学硕士研究生课程体系构建研究[D]. 重庆：西南大学：35-36.

⑥ 张莎，张新民. 2011. 对职业教育学硕士研究生教材开发的思考[J]. 当代教育论坛（综合研究），(7)：112-113.

四、教育学学术型研究生课程教学

课程教学是课程建设中最为灵活的部分，对教育学学术型研究生课程教学的研究主要包括课程教学存在的问题及改进策略两方面。有研究认为，教育学学术型研究生课程教学中存在教学方法使用不当、教学的研究性和实践性不足等问题，应不断创新教学方式方法，突出学生的主体地位，提高课程教学质量。

（一）课程教学存在的问题

目前，教育学学术型研究生课程教学方法不当，教学的探索性和研究性不强，社会实践参与状况不理想，教学中盛行的专题教学模式也存在一些问题。有研究对教育学学术型研究生课程学习状况进行调查研究后发现，虽然教育学学术型研究生的课程学习状况良好，学习的主动性较强，学习感受和学习收获状况较好，但还存在未完全形成以学生为中心的课程体系，以及研究生课程学习的探索性和研究性不强、知识学习和能力发展不相协调等问题。[①]对教育学学术型研究生社会实践参与状况的调查研究发现，研究生对公益类社会实践的参与率较低、个人期望与实际情况存在差异、自主规划能力较差、资源支持力度不够、学术型标准对社会实践活动产生挤压、学校的监管和指导不到位，使得研究生社会实践参与状况并不理想。[②]还有研究对专题教学模式在教育学学术型研究生教学中的应用情况进行了实证调研，发现在专题教学模式方面存在教师的教学积极性不高、教学水平参差不齐，学生的学习兴趣不足、学习效果不佳，以及课程教学评价方式不够科学等问题。[③]

① 胡万山. 2019. 教育学研究生课程学习状况调查分析[J]. 高等理科教育，(2)：120-125.

② 沈雁翔. 2018. 教育学专业全日制硕士研究生社会实践参与状况研究——以湖南师范大学为例[D]. 长沙：湖南师范大学：44-48.

③ 尤网，姚俊. 2017. 全日制教育学硕士研究生学科基础课专题教学改革探索[J]. 重庆电子工程职业学院学报，(6)：105-109.

（二）课程教学质量的提升策略

要提升教育学学术型研究生课程教学质量，应强化教学的创新导向，多采用互动性和研究性较强的教学方式，突出学生的主体地位，强化研究生社会实践活动管理，完善专题教学机制，充分发挥教学的发展性功能。有研究认为，为促进研究生教学质量的提升，教师在教学中应更加关注学生的学习体验和发展状况，注重引导学生深度参与课程教学过程，多采用讨论式、探究式等教学方法，激发学生课程学习的积极性和主动性，突出学生在教学中的主体地位。[①]还有研究在借鉴蒙古国教育学硕士研究生教学经验的基础上，认为要提升课程教学质量，在课程实施取向上应更多地突出“创新导向”，在课程实施策略上应更多地采用研讨式教学、学术沙龙、学术报告、学术会议、访学和研修等方式，不断创新课程教学方式方法，改善教学效果。[②]对教育学学术型研究生社会实践参与状况的研究认为，高校应帮助学生增强社会实践参与的规划意识，促进学生在社会实践活动中全面发展，加强对社会实践活动的指导和管理，促进社会实践活动的有效开展。[③]对教育学学术型研究生专题教学模式的研究认为，应坚持以复杂性思维指导研究生专题教学改革，完善教师物质和精神激励机制，以提高教师的组织认同感，在科学划分教学专题的基础上，以课程组的形式建立高效率的教师课程教学团队，落实教师主体责任，改善专题教学模式的效果。[④]

---

① 胡万山. 2019. 教育学研究生课程学习状况调查分析[J]. 高等理科教育，(2)：120-125.

② 宝勒尔图雅. 2020. 中蒙教育学硕士研究生课程比较研究[D]. 哈尔滨：哈尔滨师范大学：138-144.

③ 沈雁翔. 2018. 教育学专业全日制硕士研究生社会实践参与状况研究——以湖南师范大学为例[D]. 长沙：湖南师范大学：50-59.

④ 尤网，姚俊. 2017. 全日制教育学硕士研究生学科基础课专题教学改革探索[J]. 重庆电子工程职业学院学报，(6)：105-109.

五、教育学学术型研究生课程评价

课程评价是课程建设过程自我优化的关键环节，对教育学学术型研究生课程评价的研究主要包括课程评价存在的问题及优化策略两方面。研究发现，教育学学术型研究生课程评价机制不健全，亟须深化改革，以突出评价的发展性功能。

（一）课程评价存在的问题

教育学学术型研究生课程评价机制不健全，评价主体较为单一、方式比较简单、评价不够严格，不利于研究生培养质量的提升。有研究认为，在教育学学术型研究生课程评价上，一些高校存在课程评价方式较为单一、质量监控机制不健全等问题，多数教师经常在授课结束后要求提交一篇课程论文作为评价方式，这容易导致研究生对课程学习的重视程度和学习热情不足，也不利于学生的全面发展。①更有甚者，一些学校由于教学质量监控机制不完善，研究生在课程论文和作业的写作中，经常会出现抄袭甚至是找“枪手”代写的现象，极大地损害了学术风气。②还有一些高校对研究生毕业出口的把关不严，如对研究生学位论文指导不到位，在研究生学位论文送审、答辩等方面的要求过于宽松，致使学位论文水平下滑严重。③

（二）课程评价体系的优化策略

面对教育学学术型研究生课程评价存在的突出问题，高校应加快完善课程评价体系和评价机制，严格规定课程评价过程，突出课程评价的诊断性和发展性功能，促使课程评价成为促进研究生全面发展的有

① 谭少威. 2016. 教育学硕士研究生培养过程的调查研究——以 X 大学为例[D]. 兰州：西北师范大学: 9.

② 姚东旭. 2009. 研究生培养过程改革研究[J]. 首都经济贸易大学学报, (1): 119-122.

③ 卢英敏. 2008. 以人为本的研究生培养过程管理研究[D]. 长春：吉林大学: 2-56.

效抓手。

一方面，完善课程评价体系，促进课程评价主体、方式、内容的多元化，对研究生进行全面评价。有研究利用文献研究法和专家咨询法对课程评价体系进行了研究，认为学校应构建完善的研究生培养质量评价体系，评价体系的设计应坚持全面性原则、导向性原则、可行性原则、动态性原则等，评价应从道德品质、课程学习、科研能力、论文质量、教学实践等方面展开①；应避免只注重考试成绩和论文答辩的倾向，通过德育表现、课程成绩、平时活动参与状况、科研实践能力、综合测评等方面进行综合考核，通过课堂作业、考试成绩、实践报告、论文撰写等方式多角度考查学生的科研能力和实践创新能力②；应完善课程评价体系，树立目标、过程、主体三位一体的量化与质性相结合的促进研究生全面发展的理念，采用科学的评价手段对学生的发展状况进行全面评价。③具体来说，课程评价改革应推进评价主体、评价方式和评价内容的多元化，在评价主体上应将教师评价、小组评价和学生评价等结合起来，在评价方式上应根据评价对象综合采用表现性评价、教育袋评价、研讨式评价等多种方式，在评价内容上应对学生的文化知识、专业技能、实践素养、情感发展等方面进行全面评价，全方位地掌握学生的学习和发展情况。④

另一方面，课程评价体系应以促进研究生深度学习为导向，严格课程评价过程，善于借助现代信息技术手段强化学位论文质量监管。有研究认为，教育学学术型研究生课程评价改革应以促进研究生深度学习为导向，以夯实学术能力为根本出发点，遵循“教—学—评”内在一致性的实践逻辑，依据“澄清—连贯—融通—生长”的学程设计原理，构建和营造研究生深度学习的氛围和策略，促进形成以生师互动为中心的教学评价体

① 郑立，叶欢，闫智勇. 2014. 教育学硕士研究生培养质量评价体系研究[J]. 重庆科技学院学报（社会科学版），(7)：141-142, 155.

② 马云阔，吴亚会. 2019. 提升教育学学术型硕士研究生培养质量的策略[J]. 教育探索，(2)：74-78.

③ 马金晶. 2009. 我国教育学硕士研究生课程体系构建研究[D]. 重庆：西南大学：49-50.

④ 宝勒尔图雅. 2020. 中蒙教育学硕士研究生课程比较研究[D]. 哈尔滨：哈尔滨师范大学：149-154.

系。[①]有研究认为，在信息网络技术高度发展的今天，应借助信息化手段实现对研究生注册、学习、作业、成绩等全过程的监管，对学生实施全过程和全面的系统性评价。[②]同时，应进一步完善课程监管评价机制，严格研究生课程教学制度，狠抓研究生课堂教学过程，避免研究生课程教学的随意性。[③]另外，也应强化研究生学位论文撰写和考核过程监管，重在关注学位论文的学术创新情况，保障学位论文和研究生培养质量。[④]

六、国外课程建设经验研究

发达国家在教育学研究生课程建设方面积累了十分丰富的经验，这些经验对我国教育学学术型研究生课程改革具有重要的借鉴意义。我国学者对发达国家尤其是美国大学教育学研究生课程建设情况进行了深入研究，研究内容主要集中在美国大学教育学研究生课程设置状况的层面。研究发现，美国大学教育学研究生课程设置类型多样、灵活性较强，选修课程类型和数量丰富，跨学科特色突出，重视开设方法论和研究方法类课程，注重培养研究生的国际视野和自主创新能力。

（一）对美国大学整体的研究

对美国大学教育学研究生课程设置整体状况的研究发现，其课程类型可以分为核心课程、主修课程、同源或相关课程、研究方法课程、选修课程五大类，个别学校还包括实习实践和论文开题等。核心课程是专业必修课程，在课程结构中占主体地位，主修课程是根据研究生专业研究领域专

---

① 田莉，戴弘梧. 2019. 促进学术型硕士研究生深度学习的课程评价——以教育学专业课程实施为例[J]. 上海教育评估研究，(6)：1-6.

② 王衡生. 2003. 论创新教育与高校研究生创新能力培养——英国大学研究生培养模式的启示[J]. 高教探索，(1)：34-37.

③ 姚利民，朱黎旻. 2013. 研究生培养现状调查与分析[J]. 高等教育研究，(11)：55-59.

④ 谭少威. 2016. 教育学硕士研究生培养过程的调查研究——以X大学为例[D]. 兰州：西北师范大学：11.

门设置的课程，同源或相关课程是选自其他学科或与本学科、本专业研究领域相关的课程。[①]整体上看，课程设置具有跨学科综合化、选修课程数量较多、重视开设方法论和研究方法课程、强调基础理论课程的作用、突出课程的前沿性和研究性等特征。[②]

（二）对美国大学的案例研究

对美国大学教育学研究生课程设置状况的案例研究发现，各大学课程设置类型多样，注重选修课程、跨学科课程和研究方法课程的设置，研究生课程体系的灵活性、开放性、应用性和创新性特征突出。

哈佛大学教育学研究生培养的"跨学科"特色突出，其制定了明确的跨学科培养目标，促进教育研究生院与文理学院强强联合，提供坚实的跨学科组织保障，积极组建跨学院的师资力量，规定选修课与必修课全部跨学科修读，并提供了涵盖社会学、艺术学、人类学、经济学等诸多学科的跨学科课程资源。[③]

斯坦福大学教育学研究生课程类型可分为必修与选修两大类，必修课程重视开设方法论和研究方法类课程，选修课程类型的涉及面较广，数量也十分多，课程设置整体呈现出综合化和选修化的特征，研究方法类课程的地位非常突出，课程教学方法灵活多样。[④]同时，其课程建设呈现出倡导学习跨学科辅修课程、重视设置国际视域的选修课程、突出科学研究的规范性、实施严格的考核制度等特征。[⑤]

---

① 张国平，高耀明. 2019. 美国大学高等教育学专业研究生培养的特色及其启示[J]. 高等教育研究，(9)：53-60.

② 还伟. 2008. 美国教育学学科硕士研究生课程设置研究及启示[D]. 苏州：苏州大学：24-26.

③ 魏玉梅. 2016. 美国教育学博士研究生培养的"跨学科"特色及其启示——以哈佛大学教育哲学博士(Ph.D.)培养项目为例[J]. 外国教育研究，(3)：43-57.

④ 王凡. 2005. 美国斯坦福大学教育学硕士研究生课程设置及其借鉴意义[J]. 中国地质教育，(4)：119-122.

⑤ 魏玉梅. 2015. 斯坦福大学高等教育学博士研究生课程体系特点及其启示[J]. 比较教育研究，(6)：51-56.

明尼苏达大学教育学研究生课程设置可以分为全校必修课程、专业课程、专业选修课程三大类，课程内容比较广泛，体现出较强的实践性和前沿性，教学一般采用研讨的方式，要求学生之间相互交流合作，鼓励小组学习。①

北卡罗来纳州立大学教育学研究生课程设置具有注重核心理论学习、关注专业实践、重视科研参与、强调选修课程、重视论文指导等特点，突出培养研究生以专业实践素养为核心的理论认知能力、实践认知能力、自主创新能力、实践适应能力等，致力于促进研究生专业核心能力的发展。②

第二节　国外教育学学术型研究生课程建设研究概况

当前，尽管国外对研究生课程建设的研究相对较多，但对教育学学术型研究生课程建设领域的相关研究则相对较少，为数不多的相关研究集中在教育学研究生课程目标、课程设置、课程教学和课程评价等领域。

一、教育学学术型研究生课程目标

教育学学术型研究生课程目标应处理好学生专业知识学习和科研能力训练之间的关系，注重培养研究生的可持续发展能力。有研究认为，教学与科研是研究生教育的两项重要内容，在人才培养过程中要注意平衡二者的关系，需要在课程目标上合理设置教学目标与科研目标，以为学校研

① 王静. 2008. 成人教育学专业研究生课程的对比研究——基于明尼苏达大学和华东师范大学的考察[J]. 湖北大学成人教育学院学报, (4): 22-24.

② 周招君. 2008. 关注能力培养的成人教育学专业研究生课程设置——以北卡罗来纳州立大学为例[J]. 湖北大学成人教育学院学报, (5): 30-31.

究生培养和研究生学习提供正确的方向引导。[①]也有研究指出，学校教育的核心任务在于促进学生学会学习和发展，在研究生教育中更应坚持培养学生灵活多样的可持续发展能力，在课程目标层面更多关注学生社会适应能力的发展，在学生系统学习专业知识的基础上，注重对其专业技能、职业能力、应变能力等综合能力的培养。[②]

二、教育学学术型研究生课程设置

教育学学术型研究生课程设置应处理好专业知识教学与科研能力训练之间的关系，注重学生职业技能课程、专业前沿课程等的开设，突出课程体系的应用性、前沿性、灵活性、针对性。有研究通过访谈法了解教育学学术型研究生对良好课程和教学设计的看法发现，学生希望通过参与课程教学活动获得以下四个方面的主要内容：一是知识、技能和能力；二是可以在实际工作中应用的东西；三是能够跟上相关工作领域和社会新知识发展前沿；四是有新的理论见解或新方法。这就要求课程设计应与专业需求相适应，内容必须具有前沿性并与专业应用相关。[③]在课程设置上，应统筹学生专业知识学习和科研能力训练之间的关系，在开足开齐专业基础课程和专业实践课程的同时，注重方法论和研究生方法课程的开设，并将引导学生参与课题研究与论文写作等相结合，为学生对知识的学习和科研

---

① Dai X Q. 2011. Practice study on integrating teaching and research in a graduate course. In: Y. Wang (Ed.), Education Management, Education Theory and Education Application [C]. Heidelberg: Springer: 583-587.

② Gal A, Gan D. 2020. Transformative sustainability education in higher education: Activating environmental understanding and active citizenship among professional studies Learners [J]. Journal of Transformative Education, (4): 271-292.

③ HoA, Kember D. 2018. Motivating the learning of part-time taught-postgraduate students through pedagogy and curriculum design: Are there differences in undergraduate teaching? [J]. International Journal of Lifelong Education, (3): 315-332.

能力的发展奠定坚实的基础。[①]在具体课程类型上，为促进教育学学术型研究生的就业，北美大学的普遍做法是为研究生开设职业技能课程，尤其是针对教师教育专业，侧重于对其课程教学能力的培养，在教学中通过让学生创建教学大纲、开展模拟教学、处理课堂讨论和布置作业等活动，对改进研究生的教学技能提出有针对性的建议，使得学生能够更好地胜任工作职责。[②]鉴于研究生知识的专业性和前沿性特征，有研究建议高校为研究生多开设一些讲座形式的课程，定期邀请相关专家围绕学科专业领域的重点和前沿问题开展讲座，促进专家和研究生围绕相关主题进行深入探讨，使学生能够把握专业领域的前沿进展。[③]

三、教育学学术型研究生课程教学

教师在教育学学术型研究生课程教学中，应多采用讨论式、探究式、参与式、反思性教学等教学方式，充分调动研究生学习的积极性，改善教学效果。

对教学方法的研究认为，教师在教育学学术型研究生教学中常出现教学方法使用不当的问题，应根据教学情境采用合适的方法及时给予学生指导和支持。例如，一项对教育学学术型研究生教学状况的研究认为，尽管很多学校为研究生开设了一些研究性课程，但这些课程项目并没有为学生提供一个理论研究的基本视角，没有达到预期的教学效果，这主要是由于

---

① Dai X Q. 2011. Practice study on integrating teaching and research in a graduate course [A]. In: Y. Wang(Ed), Education Management, Education Theory and Education Application [C]. Heidelberg: Springer：583-587.

② Chism N. 1998. Preparing graduate students to teach: Past, present, and future [A]. In: M. Marincovich, J. Prostko, F. Stout(Eds.), The Professional Development of Graduate Teaching Assistants [M]. Bolton: Anker: 1-17.

③ Nielsen D, Ieromonachou P, Lin Y, et al. 2015. Revision of curricula in higher education service provision: For better learning engagement and collaborative learning [J]. Procedia Manufacturing, (3): 3583-3590.

教师采用的教学方法不当。[①]对此，有研究者通过对加拿大教育学硕士研究生写作实践与教学的定性案例进行研究发现，教师在教学中对写作技巧的讲解和对学生写作中遇到问题的及时解答在提升研究生的写作能力方面发挥着重要的作用，教师在日常课程教学活动中，应该善于发现研究生在学习过程中存在的问题，并根据实际问题采用合适的教学方法，及时对学生进行研究视角或方法论的指导，促进学生能力的提升。[②]

在教育学学术型研究生课程教学过程中，教师应善于采用参与式教学和反思性教学等教学方法，充分激发学生学习的积极性。对于参与式教学，有研究者认为参与式教学对于提高教学质量具有重要作用，任课教师在课堂教学中应学会与学生合作、促进学生深度参与课堂教学过程，围绕教学内容共同进行跨学科的思考和研究，在进行跨认识论、理论观点和方法对话的基础上探索出问题解决的新视角，使学生真正学会学习和思考。[③]具体来说，教师应多采用讨论式、探究式等教学方法，激发学生学习的积极性和主动性，引导学生主动思考相关问题，在系统教授理论知识的基础上，提高学生分析问题和解决问题的能力。[④]其中，讨论法能够促使学生深入思考教学问题，并将自己的观点与同伴讨论分享，既有助于训练学生思考问题的能力，也有助于增强学生的交流和沟通能力，教师在教学中只向研究生传达问题研讨的基本规范、价值导向和常用的方法，具体内容则由学生自主讨论生成，教学实践证明这种方法能取得很好的教

---

① Paul J L, Marfo K. 2001. Preparation of educational researchers in philosophical foundations of inquiry [J]. Review of Educational Research, (4): 525-547.

② Hibbert K, Stooke R K. 2017. Writing goes back to school: Exploring the "institutional practice of mystery" in a graduate education program [J]. The Canadian Journal for the Scholarship of Teaching and Learning, (3): 1-16.

③ Gunzenhauser M G, Gerstl-Pepin C I. 2006. Engaging graduate education: A pedagogy for epistemological and theoretical diversity [J]. Review of Higher Education, (3): 319-346.

④ Dai X Q. 2011. Practice study on integrating teaching and research in a graduate course. In: Y. Wang (Ed.), Education Management, Education Theory and Education Application [C]. Heidelberg: Springer: 583-587.

学效果。[①]

对于反思性教学，有研究者认为反思性教学能够充分调动学生学习的积极性，促进学生深入思考教学内容和相关问题，提高教学质量。教师在课程教学中应将教学内容与学生日常生活实践紧密结合，引导学生结合理论知识深入反思实践问题，在理论与实践的互动反馈中使学生的知识学习和能力提升得到同步推进。[②]对反思性教学的进一步研究认为，反思性教学可以分为三个阶段：一是前提反思，就是要质疑问题本身，反思学生和教师对课程及内容的设想；二是内容反思，即思考实际经验或者我们对课程的体验；三是过程反思，即回顾教学中使用的策略或解决问题的方法。[③]据此，有研究者认为，在研究生课程教学实践中，教师应不断尝试新的教学方法，努力将学科内容知识与方法论结合起来，引导学生将理论学习与生产实践相结合，努力缩小理论教学与专业实践之间的差距，改善教学的实际效果。[④]

四、教育学学术型研究生课程评价

教育学学术型研究生课程评价，应注意平衡研究生理论知识学习和科研能力发展之间的关系，注重采用同伴评价的方式。例如，有研究者认为，在课程评价上应避免只注重教学或者科研的倾向，合理设计二者在评价指

---

① Trautner M N. 2014. Teaching-infused graduate seminars: Incorporating pedagogy into substantive courses [J]. Teaching Sociology,（1）: 61-68.

② Auten J G, Twigg M M. 2015. Teaching and learning SoTL: Preparing future faculty in a pedagogy course [J]. Teaching & Learning Inquiry,（1）: 3-13.

③ Mezirow J. 2000. Learning to think like an adult: Core concepts of transformation theory. In: J. Mezirow& Associates（Eds.）, Learning as Transformation: Critical Perspectives on a Theory in Progress[C]. San Francisco: Jossey-Bass：3-33；Mezirow J. 2009. An overview on transformative learning. In: K. Illeris（Ed.）, Contemporary Theories of Learning: Learning Theorists ... in Their Own Words [R]. London: Routledge：90-105.

④ Jakeman R C, Henderson M M, Howard L C. 2017. Reflective pedagogy: The integration of methodology and subject-matter content in a graduate-level course [J]. Teaching in Higher Education,（2）: 207-221.

标体系中的比例关系，关注教师在课程教学活动中对学生专业知识学习和科研能力训练所做出的努力，尤其要看学生实际的学习成果，如专业知识掌握情况、科研能力发展状况等。[①]还有研究者通过对 377 名教育学学术型研究生进行访谈分析发现，同伴评价对于提高学生的课程学习成绩具有重要作用，尤其是对于先前成绩较低或一般的学生更有效，并能促进他们改变对学习环境的看法，认为教师在课堂教学中应善于引导学生进行正确的互相评价，以促使学生全面了解自身的学习情况，改善学习效果。[②]

第三节　国内外教育学学术型研究生课程建设研究述评

整体上看，各国都对教育学学术型研究生课程建设相关问题进行了较为深入的研究，尤其是我国的相关研究更为丰富。从研究的具体情况来看，国内的研究更倾向在深入分析课程建设存在的现实问题的基础上，有针对性地提出相应的对策建议，而国外的研究则更倾向直接对教育学学术型研究生课程建设提出一些创新性的论见。无论研究方式方法如何，国内外已有相关研究都为本次研究分析教育学学术型研究生课程建设相关问题奠定了坚实的基础，提供了调研内容和方法论等层面的指导。本次研究立足于已有相关研究，并在其基础上既有传承之处，也有差异与深化创新之处，主要表现在以下三个方面。

① Dai X Q. 2011. Practice study on integrating teaching and research in a graduate course. In: Y. Wang (Ed.), Education Management, Education Theory and Education Application [C]. Heidelberg: Springer: 583-587.

② Joiner K F, Rees L, Levett B, et al. 2020. Efficacy of structured peer critiquing in postgraduate coursework [J]. Studies in Higher Education, (1): 1-17.

一、研究对象的代表性强

本次研究的研究对象覆盖面更大、数量更多，样本的代表性更强。当前，已有教育学学术型研究生课程建设的相关研究在研究对象上多为单一学校的样本，或为某类型几所大学的样本。尽管对单一学校或某类学校的实证分析能够较为准确地把握该学校或这类大学教育学学术型研究生课程建设状况，但对于反映教育学学术型研究生课程建设整体状况来说，其代表性还相对不足，亟须扩大样本类型和数量，增强研究对象的代表性。鉴于此，本次研究不仅关注单个学校和某类型大学的样本情况，更关注全国各学位点课程建设的整体情况，对全国教育学学术型研究生学位点都进行了问卷调查，使得样本能够很好地反映我国教育学学术型研究生课程建设的整体情况。

二、研究方法更加科学

本次研究将比较研究、案例研究、问卷调查和访谈分析等研究方法结合起来，更加精准地把握我国教育学学术型研究生课程建设状况。教育学学术型研究生课程建设是一个十分复杂的问题，仅仅依靠某种单一的研究方法，往往难以准确、全面地把握相关情况。然而，已有相关研究多以访谈法、问卷分析法、案例法等某种单一的研究方法为主来分析教育学学术型研究生课程建设状况，有很多研究仅采用了思辨总结的方法。尽管这些方法都能在一定程度上了解相关情况，但往往不能够全面地把握课程建设实际状况。鉴于此，借鉴已有研究所采用的研究方法，本次研究将比较研究法、案例研究法、问卷调查法和访谈分析法等紧密结合，对研究生课程建设相关情况展开多角度分析，全面把握我国教育学学术型研究生课程建设的真实状况。

三、研究内容更加全面

本次研究的内容同时涉及教育学学术型研究生课程建设的关键环节和要素，研究内容针对性更强、更加全面。教育学研究生课程建设涉及课程目标、课程设置、课程内容、课程教学、课程评价、课程管理等众多复杂的要素，要全面把握课程建设状况，必须对这些要素进行全面分析。然而，已有研究往往只对课程建设中的某个或某几个要素进行了分析，未能对所有关键要素进行全面系统的分析。本次研究在已有相关研究的基础上，在国内外已有相关经验研究、我国课程建设状况调查研究等的分析中，以课程建设的关键要素作为参照点，尽量使研究内容覆盖课程建设的所有关键要素，以期全面把握我国教育学学术型研究生课程建设状况。

第二章 国外教育学学术型研究生课程建设比较分析

相较于我国，世界发达国家的教育学科发展历史较为漫长，发展水平也相对较高，在教育学学术型研究生课程建设方面已经积累了较为丰富的改革实践经验。在国际视野下关注发达国家教育学学术型研究生教育课程建设的整体状况、典型案例及有效做法，对我国教育学学术型研究生课程教学改革具有重要的参考价值与借鉴意义。鉴于此，从课程建设的角度，笔者对美国10所大学、英国10所大学、澳大利亚5所大学、日本9所大学和新加坡1所大学的研究生（尤其是教育学学术型研究生）课程建设状况进行了不同层面的对比分析，管中窥豹地获悉了五国教育学学术型研究生教育课程建设情况，并简要归纳和整理了典型做法及成功经验。

第一节　国外教育学学术型研究生课程建设基本情况

深入考察和分析五国研究生课程建设的实际状况可以发现，在教育学学术型研究生课程建设上，这些国家都在专业及课程设置、教学内容设计、教学方法、评价方式等方面具有自身独特的经验，探索出了符合本国国情的方式。

一、专业及课程设置

从专业及课程设置情况来看，教育学学术型研究生教育的专业设置相对灵活宽泛，博士研究生教育专业设置的学理性更强，而硕士研究生教育专业设置的专业实践性和针对性更强。以美国为例，从某种程度上而言，学术型与专业型研究生教育的同质化现象较为普遍，其专业设置更多与大学学科专业相契合，专业设置的类型广泛、特色鲜明，并不像我国的二级学科分类那样明确和细化。课程设置层面因专业类型广泛，所以课程设置的校级差异性较大，并没有明确的课程体系或标准。专业基础课程重视讲座与研修，专业方向课程往往较为细化，方法类课程则强调量化研究，同时也重视思维拓展课程与实践类课程。

（一）美国大学的相关情况

美国 10 所大学的教育学研究生教育的专业设置普遍倾向教育政策、教师教育、教育领导与管理、学科教育、心理学科与教育以及信息化相关背景的专业。课程设置基本围绕大学教育的学科专业特点，并体现出跨学科的灵活性与专业方向的针对性特征。一方面，必修课程重视学理性与专业性，不同学校的课程设置有较大的差异，重视热点性的专业话题或课程主题；相较于硕士而言，博士层面的课程开设门类、科类及数量整体偏少，侧重于学术研讨与实践。另一方面，选修课程重视跨学科与实践性。例如，教育政策相关专业的课程设置普遍重视社会学、经济学、组织学、文化学等学科领域的交叉课程，且重视国际视野下的课程开设。从高校的具体情况看，斯坦福大学教育学硕士研究生的专业及课程设置具有跨学院的特点，通过跨学院、跨学科促进教育学学科专业发展；哈佛大学在硕士阶段进行模块课程建设，博士阶段则重点进行分阶段的课程教学活动；哈佛大学研究生院为教育学硕士研究生设置了 500 多门选修课，2013 年秋季学期就开设了 113 门课程。其他几所受关注的美国大学则重视语言教育、教师教育、科学教育、早期教育以及国际教育比较，课程设置广泛且灵活，具有很大的专业发展空间。以哈佛大学为例，教育学学术型研究生教育的专业及课程设置情况见表 2-1。

表 2-1　哈佛大学教育学学术型研究生教育的专业及课程设置情况

学位	专业及专业方向	课程设置
硕士	教育政策与分析	1. 必修课程：政治学和美国教育政策 2. 选修课程 ①政策：大规模监禁时代的教育不平等。高等教育经济学：获得、成果和竞争，特殊教育政策和实践中的关键问题等。 ②管理和领导：公共叙述（冲突、连续性与变化），社会组织变革的领导，教育财务和预算概述等。 ③研究和评价：教育研究简介，了解当前的教育测试。中级统计：应用回归和数据分析等。 ④多样性、文化和身份：民族和种族不平等教育的文化解释。法律和教育机会：种族、金钱和选择，支持儿童和加强家庭教育的制度与社区战略等
	教育领导力与学校组织	1. 必修课程 ①校长许可链。其一，核心：学校和法律（选定的主题），种族、公平和领导，成为学校领导。其二，实习研讨会和实习：学校教学领导（研讨会和实习）。 ②学校发展链：学校和法律（选定的主题），种族、公平和领导，成为学校领导；学校教学领导（学校开发人员研讨会和实习）。

续表

学位	专业及专业方向	课程设置
硕士	教育领导力与学校组织	2. 选修课程 学校家庭和社区合作伙伴关系，数据智慧（使用数据改进教学），基于卓越和公平的困境的有效家校合作（K-12），K-12 学校和系统的组织领导和管理，领导力、创业和学习，城市和学校系统改革，管理非营利性组织的财务资源，实施包容性教育
	人类发展与教育	必修课程 ①发展心理学课程：发展理论的变化，发展心理学，青少年发展，成人发展。 ②研究方法和数据分析课程：教育研究简介、经验方法（研究统计导论）、应用数据分析简介、中级统计（应用回归和数据分析）、分析文化（对话、话语和主题）。 ③人类发展和心理学课程：教学与学习（有美好的想法），应用认知科学，通用设计学习（迎接个人差异的挑战）。 ④人类发展和心理学课程：多样性和公平（领先的差异性原因），多样性的承诺（新兴研究研讨会），社会组织变革的领导，缩小种族成就差距的战略和政策，美国高等教育的多样性和平等，自适应领导力、权力和差异，比较观点的教育政策分析与研究等
	教育技术创新研究	必修课程：儿童非正式学习，在媒体世界成长，21 世纪学习的现场经验，自适应学习（调查和练习），多模态学习分析，设计和开发技术增强评估，设计创新（教育技术项目），教育产品开发的形成性评价，数字时代的在线教学，设计和制作学习媒体，学习、教学和技术，创造性设计，设计学习，新兴技术转变教育，在教育市场的创业，高级设计工作室，工作场所学习、领导力发展和技术，青少年和社交媒体
	教育艺术（专业方向）	1. 必修课程 教育艺术Ⅰ：艺术学习。 教育艺术Ⅱ：研究、政策、倡议、行动主义与练习。 2. 选修课程 实施全纳教育，针对儿童的非正式学习，艺术理解，博物馆内的主动学习，写作工作坊，在非营利性组织中管理财政资源，21 世纪的美国人（国家建设），创造性学习设计，卓越典范，公共场所的艺术、设计和学习，在媒体世界成长，公共叙事（自我、群体与现在），建设一所民主学校（学校设计工作坊），儿童文学，青少年文学，博物馆和基于目标的学习。 3. 跨学院选课
	高等教育学（专业方向）	必修课程：高等教育前沿研究，美国高等教育史，高等教育经济学（获得、成果和竞争） 高等教育/高等教育相关课程：国家教育政策（实践），高等教育和法律，领导力、创业和学习，使命和金钱（高等教育的制度进步），校际运动（对高等教育领导者的影响），大学生事务（理论与实践），高等教育现场经验（为校园领导人提供建议），高等教育实习研讨会，经验方法（研究统计导论），应用数据分析简介等

续表

学位	专业及专业方向	课程设置
硕士	国际教育政策研究（专业方向）	必修课程：微观经济学（教育者的政策工具） 1. 模块一：比较国际教育 问题和概念，比较观点下的教育政策分析与研究，全球城市教育（在纽约、里约热内卢和上海改造教育），改善教育制度的监测和评价，武装冲突教育。国际组织和教育促进发展：世界银行的作用，发展中国家教育政策干预的后果（影响评估的最新证据），发展中世界教育的政治，比较教育和国际发展。 2. 模块二：国际教育 比较视野下的教育创新和社会创业，民族和种族不平等教育的文化解释，扩大所有学生的教育质量的研究实践，跨国和跨文化观点的教育成果，在全球化世界中学习（语言习得、文化意识和认知正义），双语学习者（扫盲发展与教学）。 3. 模块三：研究和评价 教育研究简介，了解今天的教育测试，经验方法（研究统计导论），应用数据分析简介，计划评估，中级统计（应用回归和数据分析），应用数据分析，分析文化（对话、话语和主题）
	语言与文学（专业方向）	必修课程 ①从语言到识字，双语学习者（扫盲发展与教学），青少年文化（学生、教师、教室、学校和地区），心理教育评估导论，阅读指导与发展，青少年文学，扫盲教练，心理学和认知神经科学的实证研究，双语（语言和认知），儿童文学，阅读的困难，育儿、语言和文化，写作发展，连接扫盲评估与教学改进（对干预实践的响应），阅读学习（社会化、语言和深层理解），多元化维度（英语学习者），阅读指导与发展，扫盲评估和干预实习，心理教育评估导论。 ②阅读专家执业实习。 ③多元化维度：英语学习者。 ④现场经验：反思对专业实践的探究
	学与教（专业方向）	1. 核心/基础课程 K-12 美国学校卓越和公平的困境，美国高等教育史，青少年发展，教育哲学，教学与学习（“有美好的想法”），应用认知科学到学习和教学，成人发展，教师、领导和权力（从课堂到学校改革），通过对学生和教师工作的密切合作考察研究学习和教学。 2. 模块课程 ①多样性，公平和包容（社会变革组织的领导），缩小种族成就差距的战略和政策，教育正义，实施包容性教育。 ②公民教育和公民行动：理论、研究和实践。 道德成人：道德儿童。 教育改变社会：应对学生破坏和解散种族主义
	思维、大脑和教育（专业方向）	1. 必修课程 典型和非典型神经发育，认知神经科学和教育，经验方法（研究统计导论），中级统计（应用回归和数据分析），应用数据分析简介。

续表

学位	专业及专业方向	课程设置
硕士	思维、大脑和教育（专业方向）	2. MBE 课程 ①在早期儿童和实践政策中推动基于科学的创新，认知神经科学和教育，发展理论的变化，发展心理学，教育中的个性化，跨国和跨文化观点的教育成果。 ②发展与学习中的情感：可用的知识、变异性和上下文。 ③超越砂砾：学校成功的非认知因素。 ④了解真理、美丽和善良：良好教育的核心，通过对学生和教师的密切合作考察研究学习和教学。 ⑤思维与学习：今天和明天。
	科学预防与实践（专业方向）	1. 必修课程 从出生到成年的社会环境中的风险和适应性（预防和干预策略）。 2. 预防实践 预防科学与实践研究经验（学校和社区中的实践学习——与儿童和青年共同工作）。 3. 实习 童年小学辅导（儿童在学校设置的发展框架）；儿童辅导实践（支持儿童在学校环境中的发展实践）；青少年咨询学校（青少年在学校设置的发展框架）；青少年辅导实践（在学校环境中支持青少年的发展实践）。 4. 研究方法 肖像的艺术和科学，心理学和认知神经科学的实证研究，教育研究简介，经验方法（研究统计导论）等。 5. 多样性 多样性的承诺（新兴研究研讨会），公共叙述（自我、我们与现在），公共叙述（冲突、连续性与变化），学校系统，领导综合学校公平和多样性（实践课程），在全球化世界中学习（语言习得、文化意识和认知正义），支持儿童和加强家庭的体制和社区战略，建立安全的学习空间（防止学校的欺凌和歧视，预防和发展集团咨询等）
	特定学习研究	自己设计课程
	教师教育（专业方向）	选修：教学简介（英语），教学介绍（历史/政治学），教学介绍（数学），教学介绍（科学），英语教学，教学史、政治学/政治哲学和/或社会研究，数学教学，科学教学
博士	教育领导力	1. 博一 领导力、创业和学习，工作场所实验室，教育博士领导力研讨会，领导的学习，战略思考教育改革，种族、公平和领导，教育博士领导力的工作坊和研讨会，内外部的实践领导力。 2. 博二 教育博士第二年核心领导力研讨会，实践领导。 3. 博三 顶点课程：通过战略性社区合作伙伴关系，扩大学生获得有意义的 STEM 学习机会，在艾奥瓦州开发新的教师领导和薪酬制度：基于共识的过程，为混合学习学校找到伟大的教师。 4. 教育实习

续表

学位	专业及专业方向	课程设置
博士	教育哲学	1. 前两年：教育研讨会，文化、机构和社会核心研讨会，教育政策和计划评估核心研讨会；应用数据分析简介，应用数据分析，定性研究简介。 2. 博士座谈会 3. 研究学徒 4. 综合考试 5. 论文
	教育学	1. 核心课程 教育研究方法和数据分析简介；经验方法（研究统计导论）；中级统计（应用回归和数据分析），定性研究简介。 2. 选修课程 制订研究计划，研究与写作批判性文学评论

资料来源：哈佛大学教育研究生院官网[EB/OL].（2019-05-14）. http://www.gse.harvard.edu/

（二）英国大学的相关情况

基于对牛津大学、剑桥大学、爱丁堡大学、伦敦大学、伦敦国王学院、诺丁汉大学、伯明翰大学、布里斯托尔大学、利兹大学、曼彻斯特大学、谢菲尔德大学的对比分析，英国教育学学术型研究生教育的专业同样偏重教育政策、教育管理或领导、特殊教育、教师教育以及教育技术等方面，课程设置总体比较宽松灵活，重视基本理论课程、方法类课程以及跨学科的专业课程，能够在一定程度上拓宽学生的专业视野与提高其综合素养。以教育学专业课程为例，大致可以分为研究方法与学术规范类课程、基本理论课程、跨学科课程、教育技术课程以及学科领域课程等。其中，研究方法与学术规范类课程包括“学术规范”“研究问题与教育方法”“教育指导研究”“定性数据”“定量分析”等；基本理论课程则关注教学理论、学习理论、教育政策理论、教育社会学相关理论等；跨学科课程关涉管理学、教育技术学、语言学、文化学以及艺术领域等；教育技术课程则关注数字技术；学科领域课程则重点关注语言教育、早期教育以及性别教育等。以伦敦大学为例，其教育学学术型研究生教育的专业及课程设置情况见表 2-2。

表 2-2　伦敦大学教育学学术型研究生教育的专业及课程设置情况

学位	专业	课程设置
硕士	比较教育	必修课程：比较教育——理论与方法、亚洲的教育与发展、欧洲的教育传统与制度。 选修课程：种族与教育社会学，教育与国际发展——概念、理论与问题，教育与穆斯林社区，全民教育背景下的学习者，国民教育系统中的少数民族，移民和难民，高等教育——比较和国际视角，教育政策概论，教育史上的争论，社会科学定量方法导论，教育、价值观和身份认同，高校作为组织的战略管理，权利与教育
	应用教育领导学	必修课程：领导和管理教育变革与改善，学习社区的领导。 选修课程：发展个人领导能力，探索教育政策，财务与资源管理，价值观，愿景和道德宗旨
	发展与教育心理学	必修课程：先进的定量方法、定性数据分析。 选修课程（任选模块）： 模块一：大脑和行为的发展、教育中的个体差异和社会心理、认知发展与学习、阅读和拼写困难、素养发展。 模块二：社会和个人发展、教育心理学的核心主题、心理咨询、语言发展、特殊发展
	教育政策学	必修课程：教育社会学，了解教育政策。 选修课程：了解教育研究，“种族”与教育的社会学，权利与教育，性别、性与教育，教育思想的理论基础，国民教育系统中的少数民族，移民和难民，社会理论与当代社会问题研究，高等教育（比较和国际视角），性别、教育与发展，教育，价值观和身份
	学前教育	必修课程：早期儿童教育，幼儿和小学教育研究，幼儿教育的当代问题。 选修课程：幼儿教育领导力
	小学教育	必修课程：小学教育政策与实践、全球辩论和实践研究（教育 4～12 岁的儿童）、研究早期和小学教育。 选修课程：幼儿教育领导力，指导有效的学与教，小学数学教学（数学与教学法），素养发展，全球视角下的儿童权利，学习评估，教育测试，教育改革的国际观点（课程与评估）
	英语教育	必修课程：英语教育的当代问题。 选修课程：莎士比亚教育，创造力（从英语媒体戏剧的理论到实践），教学问题研究，素养发展，学习评估，评估问题与实践，教育改革的国际观点（课程与评估），性别、性与教育，英语、媒体与戏剧研究

续表

学位	专业	课程设置
硕士	教育社会学	必修课程：教育社会学，了解教育研究。 选修课程：种族与教育社会学，性别、性与教育，权利与教育，教育思想的理论基础，了解教育政策；国民教育系统中的少数民族、移民和难民，高等教育（比较和国际视角），教育哲学（价值观），目标与社会，社会理论与当代社会问题研究，教育、价值观和身份，教育哲学（知识、思想和理解）
	教育与科技	必修课程：教育和技术：关键问题和辩论，研究数字学习。 选修课程：教育中的人工智能和数据分析，教育技术的设计和使用，数字设计思维与制作，混合和在线教育的学习设计，数学学习与数字技术
	教育神经科学	必修课程：定量方法前沿，发展认知神经科学，发展遗传学，神经影像学方法、教育神经科学中的问题。 选修课程：自闭症（研究与实践），认知发展与学习，语言发展，教育中的个体差异和社会心理，阅读和拼写困难，社会和个人发展，社会、情感和行为发展

资料来源：英国伦敦大学教育学院官网[EB/OL].（2020-07-03）. http://www.ucl.ac.uk/ioe/ courses

（三）澳大利亚大学的相关情况

澳大利亚教育学学术型研究生教育的专业设置既包括幼儿教育、小学教育、中学教育和高等教育等，也包括教育管理或领导学、教育心理学、特殊教育学、心理健康教育、国际教育以及英语教育等主题领域，此外还设置有教练培训、学习科学与技术、学校咨询、资优教育、视觉艺术教育、数学和科技教育以及自然科学和科技教育等。就其课程设置情况而言，课程类型多样、课程形式灵活，注重专业特性，重视学位论文的指导与研修，重视语言学习以及互动研修等。以悉尼大学的幼儿教育专业为例，该专业开设 40 余门必修课程与选修课程，基本关涉幼儿教育的方方面面，具体包括理论课程、实践课程、领域课程以及研究类课程等。其中，理论课程包括教育基础、实践概论、婴幼儿的学习与发展、教学理论与实践等；实践课程包括教学实践、教学实践研究以及实习工作；领域课程包括语言学习、数学领域、科学领域等；研究类课程包括教育研究、教育项目以及教育研究方法等。选修课程则普遍关涉幼儿教育的热点问题或棘手问题，诸如残疾学习者、自闭症、教师专业学习与发展等。此外，多元文化教育、国际教育比较也是澳大利亚教育学学术型研究生教育普遍关涉的相关课程领域。以悉尼大学为例，其教育学学术型研究生教育的专业及课程设置情况见表 2-3。

表 2-3 悉尼大学教育学学术型研究生教育的专业及课程设置情况

学位	专业	课程设置
硕士	教育管理和领导力	必修课程：社会正义领导组织，有效的领导和变革，领导力（国际视野），学习领导。 选修课程：程序评估，中层领导，社会政策程序，全球化与教育，开发研究项目，在原住民环境中的领导，教授学习型领导力组合，学校教师评估素养，学校教师的数据素养
	教育心理学	必修课程：学习、理解和思考，青少年发展动力学，学习动机，学习和个体差异。 选修课程：学习与教学思维能力，成人学习与发展，定性研究，研究项目开发，个人专业学习档案，教授学习型领导培育
	国际教育	必修课程：国际教育问题，全球化与教育，跨文化教育——原则和策略。 选修课程：领导力（国际视野），全球教育与公平，国际教育政策趋势，国际教育研究，开发研究项目，学校教师评估素养，学校教师的数据素养
	原住民教育领导力	必修课程：原住民社区合作，原住民课程与教学法，在原住民环境中的领导。 选修课程：原住民教育（政策与实践），文化响应方法论，种族主义与幸福，专业学习（原住民语境研究）
	特殊教育和全纳教育	必修课程：有特殊教育需要的学生，全纳教育。 选修课程：挑战性行为，交流学习，教学法和自闭症学生，积极行为支持的原理，教学学习困难——基础知识，通过课程满足规范教育的需要，合作和协商，自闭症学生和复杂的需求
	运动训练学	必修课程：教练教学法，教练专业知识，运动和技术，教练计划与管理，精英运动员发展，运动与表演心理学。 选修课程：有效领导与变革，领导力（国际视野），学习动机，教练的当代问题，运动学与教练发展，学习和教学思维能力，个人专业学习档案，教授学习领导档案

续表

学位	专业	课程设置
硕士	英语教育	必修课程：话语和语言教学，第二语言习得，方法和语言教学，语法和语言教学，素养和语言教学，语言、社会和权力，英语语音教学的发展。 选修课程：语言学研究方法，英语教师专业发展研究，英语学术设置，语言测试和评估，语言、社会和权力，英语语域和体裁，媒体话语，世界英语，功能语法
	高等教育	必修课程：大学教学和学习、反思与实践、大学教学档案、发展整合高等教育网络学习环境
	学前教育	必修课程：幼儿游戏与教育，幼儿教育基础，早期幼儿发展，幼儿语言与交流，幼儿健康与保健，幼儿教育历史与哲学，儿童早期创造性艺术，幼儿专业经验 1，科学、技术与可持续发展，早期数学，家庭、社区和环境，幼儿专业经验 2，幼儿早期干预，幼儿教育领导力，幼儿教育实习
	小学教育	必修课程：反思（学生教师和学校），特殊教育和全纳教育，初级英语 1（早期读写能力），多语种课堂英语，人类社会及其环境 K-6，小学数学 1，教师和学习者（学校社区），MTeach 专业经验 1，创造性艺术 K-6，个人发展、健康和体育 K-6；科学、技术和玩具 K-6，学习评估（多样性与公平性），特殊教育（全纳学校），MTeach 专业经验 2，小学英语 2 K-6，编程课程 K-6，小学数学 2，教学实习，小学英语 3（未来准备）
	中学教育	必修课程：反思（学生、教师、学校），特殊教育和全纳教育；原住民教育（中学），教与学（教师和学习者），MTeach 专业经验，中学教学专业，学科评估：多样性与公平性，特殊教育（全纳学校），资讯科技：中学，第一教学区课程，第二教学区课程，向国家学习，教学实习，教学过渡期；原住民研究课程，希伯来和犹太教，经典阅读课程，商务课程，戏剧课程，
硕士	中学教育	英语课程，地理课程，历史课程，语言课程，数学课程，科学课程，国际英语教育，社会文化课程
	学校咨询	必修课程：教学和学习，特殊教育和全纳教育；原住民教育——中学，教师和学习者——学校社区学校心理学实习，专业研究 1（心理学），学校心理学 1，专业研究 2（心理学），学校心理学 2，学校和他们的社区，特殊教育——全纳学校，专业经验 1，信息技术（中学），职业经历 2，学校咨询实习，心理学应用研究，学校心理学 3
	健康职业教育	必修课程：教学和学习，特殊教育和全纳的教育；原住民教育（中学），教师和学习者（学校社区），专业经验 1，中学教学专业，健康课程 1，体育 1，识字和计算（中学），健康课程 2，体育 2

资料来源：澳大利亚悉尼大学官网[EB/OL].（2020-02-28）. http://www.sydney.edu.au/courses/search.html?search-type=course&aoi=education-and-social-work&course-level=pc&page=3/

二、教学内容设计

（一）美国大学的相关情况

美国教育学学术型研究生教育的课程教学内容大致分为以下几类：①理论基础类课程，包括学习理论系统科学心理学、信息科学、教育学、技术哲学、传播学等；②设计类课程，包括应用研究设计、教育研究设计、教学设计、教学策略、中等学校的设计、课程设计、项目设计、课件设计、学习环境设计等；③管理类课程，包括非营利组织中财政资源的管理、高级管理、组织中的领导艺术、管理学原理、经营管理、企业战略管理与规划、绩效管理等；④评价类课程，包括应用数据分析、教学和学习评价、项目和产品评价、高等教育评估方法、教育评估政策研究等；⑤研究方法类课程，包括测量学、统计学、教育研究方法、定性和定量研究、调查研究、研究方法、定性分析策略、制定政策的定性研究、人种学研究方法等实用性较强的具体课程。

就其教学内容呈现的特点而言，主要有以下几个方面：①注重交叉学科。美国教育学学术型研究生教育的课程设置不仅局限在教育学学科内，而是实行跨学科的综合研究，扩大了学科范围，开设新的综合性课程，使课程设置的门类更加齐全，课程内容非常丰富而广泛，既有心理学、社会学、伦理学、人类学及方法论等人文学科课程，也有行为学和自然科学课程，还加入了网络技术和计算机类课程，使得整个课程体系表现得比较完善而多样。跨学科课程被认为是培养研究生复合能力，拓宽研究生视野，使学生更好地适应当前社会需要的重要教育手段。例如，斯坦福大学开设了教育哲学、课程管理的信息和技术、教育社会语言学、教育心理学、教育人力资源等将教育与心理学、语言学、计算机技术等学科相结合的课程。这就要求在研究生教育的课程设置上重视理、工、文科的相互渗透和跨学科课程的设置，新兴学科和交叉学科的研究学习，丰富学生的知识层次和知识结构。②大量开设选修课程。美国教育学学术型硕士研究生课程中包含大量选修课，而且选修课程所占的比例非常大，涉及的范围也比较广，如哈佛大学教育学院开设的教育学学术型研究生课程包括语言学、历史学、经济学、法律、心理学、哲学、文学艺术、女性学等，超出了教育学科范围。③重视开设方法论及研究方法类的课程。美国教育学学术型硕士研究生课程设置重视开设方法论及研究方法的课程，这种重视向学生传授研究方法的做法，从根本上提高了学生的自学能力和独立研究能力，也为学生下一步创新能力的培养和创新成果的产生打下了基础。

（二）英国大学的相关情况

在教学内容方面，每个专业都有十分丰富和详细的教学内容，通过对相关教育理论的学习和实践锻炼，让学生能够多视角地理解教育问题，关注相关专业领域的发展状况，关注相关研究成果和实践问题。同时，学生与导师可进行较为深入的讨论、指导和项目合作。鼓励学生在学习和实践中进行反思。将学校学习与见习（学校考察）相结合，为学生研究生学习期间提供各种实践机会。具体而言：①建立自己关于教育学研究方法和观点的理解。从第一学期开始，教师帮助学生建立有关教育学研究方法和视角的理解，教师通过多样化的学科教学，引导学生在特定社会和文化背景下探索多样化的学习与研究方法，能够有效帮助学生学习到非常实用的方法，对于学生日后的学习和实践都非常有帮助。②学习运用心理学理论。学生将会学习运用心理学理论的方法，从可选择的课程模块中选择相关话题进行深入学习，并在第二年的学习过程中继续深入反思，这使得学生在学习完核心模块后能够深化对教育研究领域的理解，开阔自己的视野。③研究英语国家教育政策对政治和经济的影响，以及全世界英语教育实践活动的多样性。学生可以通过选择性模块集中关注这部分话题，比如，核心课程中的全纳教育和教学。④了解评估技术以及满足学生额外的需求。最后一年，学生将专注于自己的课题研究，有机会与导师共同完成自己感兴趣的课题，获得实践经历，以及更深入地理解教育实践。为了完成本学年的学业，学生将从多个可选择的模块中选择，例如，了解评估技术的具体应用等。⑤介绍全球复杂的教育理论和实践领域，主要涵盖国际教育和比较教育领域中的理论、历史和哲学性研究、跨学科本质、比较教育领域的影响、教育管理的特点以及政策决定的影响等。

（三）新加坡大学的相关情况

新加坡教育学学术型研究生教育的内容主要分为七类：教育研究类、课程研究类、课程内容类、学术科目类、实习课程类、语言和学术论文技巧类、一般选修类。以新加坡国立教育学院小学教师教育汉语专业为例，具体如下。

第一，教育研究类，这个领域的学习旨在使参加培训的教师能够掌握主要的教育概念与原理，这些概念与原理对于中小学有效教学与反思性实践是必要的。

第二，课程研究类，这部分重在对课程本身的研究，如汉语教学，汉字的结构和书写汉字的基本技巧；阅读教学目标的理念基础，阅读技巧的发展和阅读教学的不同方法；写作技巧教学的目标和不同方法等。

第三，课程内容类，包括中国价值与道德教育，介绍孔子与中国传统哲学，选择并采用中国传统文化作品及现代新加坡视角下的中国文学进行道德教育。

第四，学术科目类，开设的课程有汉语批判阅读与写作、现代汉语音韵学、现代汉语和汉语词源学及现代中文书法。

第五，实习课程类，旨在多语种背景下帮助参与培训的教师进行实践，并为其提供机会，进行班级教学及其他相关任务，通过观察并与学校合作的教师一起构建课堂活动，学会基本的教学技巧及班级管理技巧，获得作为学校教师应具备的理想的专业态度和价值。

第六，语言和学术论文技巧类，使用中国官方语言进行汉语教学；汉语拼音，纠正汉语中的元音、辅音、四声及特定词语的变音的错误等实践知识和技巧，汉语拼音教学；演讲技巧及有效的课堂沟通；有感情地大声阅读的方法，阅读及提问技巧。

第七，一般选修类，除了核心课程和规定的必选课程，所有研究生必须修读最少两个一般选修类的学分，对应的一般选修类课程可以在学院提供课程中进行选择。以新加坡国立教育学院为例，其研究生教育主要内容见表 2-4。

表 2-4 新加坡国立教育学院教育学学术型研究生教育的专业及课程设置情况

学位	专业	课程设置
硕士	课程与教学	必修课程：教育咨询、课程（理论与问题）、课程设计、教育和学习评估（理论）、张力和问题、了解教师与教学（理论与实践）、学习理论与观点。 选修课程： A 模块：课程链 课程实施和教育变革——概念和问题、课程和计划评估、面向不同学习者的课程与教学区分、全球化与课程改革。 B 模块：评估链 真实评估的理论与实践、新加坡学习评估（理论与实践的批判视角）、评估领导力、学生参与赋权和学习评估。 C 模块：教学链 课程、教学法和专业发展、教学研究、教学中的多样性和文化、新媒体与 21 世纪学习。 D 模块：学习链 学习科学基础、教育神经科学（原理、观点和实践）、对学习科学的反思
	教育评估	必修课程：教育咨询、评估原理与方法、评估系统设计。 选修课程：测量理论、态度测量和性格评估、计划评估、认知发展与评估、21 世纪的评估及能力发展、基本统计、多元统计、应用的回归分析、对有特殊需要的儿童和青少年的评估
	高能力研究	必修课程：教育咨询、高能力的学习者及其情感和道德需求、对高能力学习者的潜力和干预措施的识别、面向高能力学习者的课程和教学方法的区分、针对高能力学习者的批判性和创造性思维
	科学教育	必修课程：科学与科学教育基础，理科课程变更和课程评估，科学实践，科学学习中的替代概念和概念变化，科学话语——语言、素养与论证，科学教育中的表现形式和新媒体，科学教育批判研究，STEM 教育的历史、政策和研究趋势，STEM 课程和说明，科学教育评估

续表

学位	专业	课程设置
硕士	特殊教育	必修课程：教育咨询、特殊教育的问题和趋势、人类发展。 选修课程：学习障碍、早期干预、课程设计和开发、特殊教育干预研究、对有特殊需要的儿童和青少年的评估、多层支持系统与读写能力培养
	教育管理	必修课程：定量研究方法、定性研究方法、关键探究（仅适用于课程跟踪）。 选修课程：组织学习与发展，考核质量及标准，管理领导与课程设计，校长与教师绩效，当代的学校营销问题，专业发展和领导力指导，全球化、教育变革和教学改革，教育的比较问题，教育工作者的道德和领导力，战略教育管理的当代问题，教育哲学，公务员制度中的公务员领导，教师专业学习理论与实践，跨学科思考的教育领导者，教育政策中的关键问题，当代的历史和哲学基础，教育政策理论，学校、领导、家庭和社区参与
	教学硕士	学习者培育、课程设计（理论与实践）、学习评估（理论与实践）、如何促进数字时代的学习、了解和发展教学内容知识、教学研究
	对外汉语教育	专业选修课程：语言代码（理论与实践）、词汇和语法（理论与实践）、汉英对比分析法及其应用、听力和口语技能教学、读写技能教学、信息技术应用、语言测试和评估、教学材料的分析与开发、全球华人与当代中国、专业英语、幼儿教育（理论与实践）、国际学校汉语教学
博士	教师教育	教学与学习中的理论、研究和实践，理解学习动机，课程与教学探究（一），课程与教学探究（二），领导与管理中出现的当前及新兴理论和实践，领导人的道德和价值，教育中信息、通信技术的使用趋势及问题，技术调节学习环境的理论基础，对话辩论（思维发展和说明性写作），阅读、感受、服务（通过多文化的图片书搭建英语二外教学），文学课堂中的写作教学和评估，当代新加坡，地理教学中的研究和问题，项目评估介绍
	教育博士（EdD）	必修课程：文献复习方法，研究方法 I、II。 专业课程（模块内选 2）： 课程与教学专业：课程与教学研究、评估与学习高级研究。 教育领导与变革：领导和管理的最新理论和实践、领导道德。 英语：课堂上的社会语言学观点、语言文学教育、双语教育（理论与实践）、批判素养（情境中的理论）、实践和研究。 人文与社会研究：人文教育问题与研究、社会学课程领导。 学习与动机：教学理论、研究与实践、了解学习者的动机（理论）、幼儿教育的进展（问题和趋势）、特殊教育的进展（问题和趋势）。

续表

学位	专业	课程设置
博士	教育博士（EdD）	数学：数学教育研究的理论视角和问题、数学课程研究。 科学：科学与科学教育基金会、科学课程变更与课程评估、科学实践、对学生替代构想和概念转变的评估、科学话语（语言）、素养和争论、科学教育中的代表与新媒体、科学教育批判研究。 技术和技术中介的学习环境：在教育中使用 ICT 的趋势和问题、以技术为中介的学习环境的理论基础

资料来源：新加坡国立教育学院官网[EB/OL].（2019-11-25）. http://www.nie.edu.sg/higher-degrees/masters-by-coursework/master-of-education/

三、教学方法

在国际视野下，大多数大学的研究生教学创造性地采用多样和灵活的教学方法，主要包括教师讲座和研讨会、小组讨论、学生汇报、工作坊、阅读小组等具体形式，注重校内教学与校外教学相结合，注重学习过程和效果，注重体验式学习，积极创造校外实践锻炼的机会，促进学生将所学的知识应用于实践。

以美国为例，其研究生教育教学方法呈现出多元化的样态，可以是教授主讲的方式，也可以是讨论班或导师指导下的研究生轮流展示。但是，除了必要的教授讲解外，多数时候是以研讨会和科研项目为依托进行的探讨和研究。此外，还有一些案例教学、课堂讨论、决策模拟、场景实验和专家讲座等，更注重发挥学生的主体作用，注重教学实习基地建设，把理论与实践有机地结合在一起。例如，斯坦福大学教育学学术型研究生教育的教学方法包括以教师讲解为主的课堂教学方式、以学生为主导的讨论式课堂教学方式、教授与讨论相结合的课堂教学方式、问答式的课堂教学方式，重在以问题研讨的方式将授课内容推向深入。此外，还有采取计算机辅助教学、案例分析、现场模拟等方式进行课堂教学的。

以日本为例，一般基础课程以讲授讨论与有指导的自主学习相结合来进行；专业课程以课堂讲授、问题讨论和自学相结合，重视课堂提问与讨论；选修课程的学习以课堂讲授、读书报告与技术交流相结合，鼓励自由研讨。除采用课堂教学外，其还定期组织专题讨论、观摩、社会调查、实践作品技术交流等各种实践活动，学位方向课程以指导学习和课题研究实践活动相结合来进行。此外，在日本，不少科目既有讲义课又有演习课。演习课上主要做一些与讲义课对应的练习或实际操作；依据讲义课的理论，制作开发实际模型或系统；让学生做一些实际调查和报告；围绕这个报告展开说明和提问、讨论等。

四、评价方式

教育学学术型研究生教育质量评估可分为外部评估和内部评估两个环节。外部评估由专门机构组织专家进行评估，内部评估由各大学内部进行自我评估。教育学学术型研究生教育教学质量评估不仅仅通过考试进行，大多数大学倾向于根据实际情况采取灵活的评价方式，呈现出多元化、多样化的趋势与特点。评价主体不局限于教师，而是让学生也参与到评价过程中，使其在评价过程中得到专业锻炼。通过将学生自我评价、同伴互评与导师评价相结合的方式，一方面调动学生的积极性，另一方面提高学生的评阅能力，促使其进一步深入思考具体问题。

以美国为例，相当部分的大学实行较严格与规范的课程学习评估与学业考核评价制度，对教育学学术型研究生进行综合、全面的考核，不仅重视终结性的评价与考核，也注重过程性与动态评价，尤其重视对学生的科研意识与能力的培养。对于课程学习评估状况不佳的学生，还有相应的惩罚机制；对于不能完成学业考核评价的学生，则实行较为严格的淘汰机制。例如，斯坦福大学明确规定，如果每一学年的两门课程考核不达标就会被退学。博士学位资格考试淘汰率很高，约占博士生总数的 1/3。从全美来看，淘汰率低则 24%，高则 66.6%。斯坦福大学资格考试的淘汰率也高达

15%～20%，资格考试有效地保证了博士生培养的质量。[①]

以澳大利亚为例，教育学学术型研究生课程学习过程中的评价主要是通过过程性评价的方式进行的，根据教师的不同，具体的评价策略也不同。常见的是个人评价、小组评价与教师评价相结合的方式，主要是通过论文、研讨会、考试等方式对学生进行评价。具体如下：①课程评价。许多课程都以一篇论文来结课，有些课程不仅期中、期末要求交论文，平时的作业也常常是一些小论文，为培养学生的研究能力和思维能力，往往硬性规定学生在写作论文时必须阅读一定数量的参考资料。②毕业评价。并非所有学校都要求硕士研究生提交论文才可以获取毕业的资格，各高校有差异。有的大学要求学生在研讨会和硕士论文中二选一，但是对两者都限定了一些前提条件。③过程培养中的“淘汰制”。其研究生培养过程实行严格的淘汰机制。研究生知识的获取主要通过课程授课、学术研讨和报告会两种形式。对于课程学习，必须通过具有一定难度的课程考试。一般来说，任课教师根据学生平时上课的情况（占 20%）、上课提问题的表现（占 20%）、考试成绩（占 60%）折合该门课程的总成绩。对于课程总成绩在 45～50 分的可以补考一次，但若总成绩低于 45 分则需要重修，并再次交该门课程的学费。总体上而言，对于学生来说，课程学习与论文写作方面的压力非常大。

第二节　国外教育学学术型研究生课程建设的有效做法与典型经验

在分析五国教育学学术型研究生课程建设基本情况的基础上，我们不

① 资料来源：2019：通过了美国博士资格考试[EB/OL].（2019-12-11）. http://zhuanlan.zhihu.com/p/96771192?utm_source=wechat_session.

难发现这些国家在研究生课程建设上采取了一些有效措施，形成了一些有益经验，对这些经验的系统梳理与分析，对于改进我国教育学学术型研究生课程建设很有启发。

一、专业课程设置灵活

在教育学学术型研究生课程设置上，专业课程设置灵活、注重方法论课程和实践类课程的设置，整个课程体系建设特别注重平衡课程体系与单门课程、显性课程与隐性课程之间的关系，以优化的课程结构培养学生的综合能力。

第一，专业课程设置针对性较强，专业方向特色突出。例如，英国布里斯托尔大学在研究方向上对教育学学术型研究生进行了较为详细的划分，设立了“领导与政策”“教育、技术与社会”“数学教育”“神经学与教育”“政策与国际发展”“教育心理学”“特殊教育与全纳教育”“教与学”等专业，每个专业都设置了核心课程和选修课程，为学生提供了较为全面的相关专业教育指导；澳大利亚悉尼大学主要设置了 13 个专业，包括教练培训、幼儿教育、教育管理和领导力、教育心理学、健康职业教育、学习科学与技术、小学教育、学校咨询、中学教育、特殊教育、国际英语教师教育、国际教育和高等教育。

第二，方法类课程类型多样，且注重学术训练。例如，美国斯坦福大学教育学院在硕士研究生课程设置中特别强调科研方法类课程。为了帮助硕士研究生在他们的学术研究和论文写作中科学地搜集数据和分析所得数据，教育学院要求每个学生必须选修一门方法论课程。其中，教育学院课程顾问强烈推荐选修两门科研方法类课程，即以必修课的形式要求硕士研究生学习“数据分析和解释概述”“定性研究方法概述”，并且考核成绩必须达到合格。

第三，跨学院、跨学科设置专业课程的现象较为普遍。研究生课程呈现出多学科交叉的样态，课程内容以教育学为坐标原点，辐射到哲学、伦理学、人类学、心理学、社会学、政治学、经济学等多数人文社会学科。例如，美国斯坦福大学、哈佛大学等均会与商学院、法学院等联合培养教育学硕士层面的研究生。博士层面则会注重社会科学、人文科学与教育的跨学科、跨区域人才的培养。此外，注重在全球化背景下设置具体的课程，如全球化背景下的教育政策、国际教育发展、比较教育研究等。

第四，特别注重平衡课程体系与单门课程、显性课程与隐性课程之间的关系。在课程体系与单门课程的关系上，强调课程内容的系统化设计，将课程体系内容设计与人才培养目标紧密结合；在课程体系内部具体课程内容的设计上，又注重课程内容之间的相互联系和错位设计，关注课程内容的系统性及内部逻辑；在显性课程与隐性课程的关系上，特别关注学校隐性课程建设，在校园建筑、风景等的设计中，注重突出校园文化的育人作用，使显性课程与隐性课程形成合力。

二、教学内容整合性强

国际视野下教育学学术型研究生教育的主要内容涉及专业理论的学理性、教育科研的引导性、实践教学的情境性，以及教育技术使用的全面性和深入性等方面，教学内容呈现出高度整合的特征，强调以高度整合的教学内容提高研究生的综合素养。

专业理论的学理性主要强调教育学、心理学、管理学等基础课程中的相关内容，同时强调对多学科领域的介入或探讨。在各门课程内容上，注重深度整合相应课程的具体内容，突出课程教学内容的完整性、系统性以及内部逻辑的科学性，以此促进学生对系统专业知识的掌握。另外，在课程内容的具体教学中，往往以问题解决为导向，也会适时引入很多相关学科的知识，提高学生的理论素养。

教育科研的引导性突出表现在对学生科学研究基础能力的培养上，在教学内容中涉及相关的内容模块，有意识地培养学生的科研能力。一方面，在教学内容中专门设有文献查询与阅读的相关内容，培养学生掌握科学、有效的文献查阅和处理方法，培养学生的文献资料查阅和处理能力，尤其是有效文献的查阅和分析能力；另一方面，在教学内容中广泛布置研究性学习的相关内容，以科学的理论与实践问题为导向，引导学生对问题进行深入分析和研究，培养学生的科研素养。

实践教学的情境性强调无论是理论教学还是实践教学，都应关注在真实的情境中培养学生的专业实践素养。在理论教学上，注重依据实践问题的解决来组织教学内容，将专业理论教学与实践锻炼紧密结合，使教学内容更加贴近生产实践过程，增强理论教学对实践的指导作用；在实践教学上，努力为学生进行专业实践创造更多的机会，使学生能够在真实的情境中进行专业实践锻炼，将课堂教学内容应用于实践，全面提升学生的专业技能与实际工作能力。

教育技术使用的全面性和深入性是指同时强调学生对现代信息技术使用的掌握，以及促进将现代信息技术应用于日常学习和科研工作。在信息技术培训上，在课程内容中设置了专门的信息技术模块，专门对学生开展现代信息技术培训，使学生能够掌握常用的现代信息技术手段。同时，促进学生将现代信息技术与日常的学习和科研工作紧密结合，提升现代信息技术对学生学习的价值。

三、教学方法灵活多样

在教学方法层面，各国教育学学术型研究生教育大多采用多样化的教学方法和手段，注重让研究生发挥学习的自主性和能动性，促进学生自主学习，着力培养学生的学术基础素养、专业创新素养和实践技能素养。其中，案例教学法、问题教学法、项目教学法以及研讨会与学术报告方式是较为典型的几种教学方法。

案例教学法普遍应用于各国研究生课程教学活动之中，侧重培养学生的问题意识、批判性思维与分析和解决专业问题的能力。在案例教学的基本程序和内容上，注重结合相关教学内容，引入恰当的教学案例并引导学生进行深入分析，呈现与问题解决相关的原理性知识和理论框架或分析框架，进而引导学生讨论问题产生的背景及环境，分析问题产生的根源及影响因素，剖析与问题相关的支持性和约束性条件，搜集并排列利益相关者的观点、看法和方案，在系统对比和深入分析的基础上提出解决问题的方法和思路，并对案例做“无结论、开放式”的总结。

问题教学法则强调对学生利用理论知识分析和解决问题能力的培养。在课程教学中，教师在深入分析课程教学内容的基础上，直接将教育学相关专业实践中的热点、难点、重点问题引入教学活动之中，在教师的全面指导和启发诱导下，促使研究生能够从相关文献的搜集整理和批判性阅读分析中，对问题有更为深入的认识与理解，进而借助适合的研究方法开展相关研究，并将研究过程与结论予以展示与分享，在师生研修互动中培养学生的研究素养与专业学习能力。

项目教学法是一种结合教学内容而进行的以实操性科研训练为主的教学方式。在这种教学方式的指导下，将学生的科研训练与教师的日常科研工作紧密结合，促进研究生以单人或小组的形式参与科研活动，鼓励和支持学科带头人、研究生导师、博士后研究人员以及其他教师为研究生参与科研训练提供机会，并在真实的科研活动中指导研究生的科研活动，培养学生的研究能力。从美国的情况来看，一些著名大学特别注重为学生提供助教、助研等大量参与科研活动的机会，并建立了较为完善的研究生参与指导机制，有效提升了研究生的科研能力。

研讨会与学术报告会对于增进研究生独立的科研能力、学术思辨能力和创造力有非常好的效果。美国的课堂教学方法很注重学生的参与及民主、自由的讨论。澳大利亚硕士大约每 2～3 周就有一次研讨会，主要考查研究生是否掌握了本学科的基础知识、基本理论。研究类硕士生平均每3～4个月要进行一次学术报告会，主要报告课题研究进展情况、本学科研究的前沿理论以及本人取得的创新成果等。每次报告会后都由导师组集体对其报告内容进行评议，评议结果为不适合继续攻读学位的学生将直接被淘汰。

四、评价方式多元综合

在教学评价方式上，各国教育学学术型研究生教育的评价方式都比较多元，将考试和考察相结合、理论学习评价与实践能力评价相结合，注重对学生综合素养的全面评价，以促进研究生的全面发展。

美国范德堡大学教育学学术型研究生教育的评价方式如下：学校要求所有研究生都参加综合考试，评估学生在教育领域的理论知识和实践能力；为了满足学位要求，学生必须至少参加36小时的课程教学工作，以满足专业实习要求，并完成最终的评估；所有在田纳西州考取初始教师执照的学生都需要通过适当的教师资格证考试；在科研能力上，要求学生必须完成一个顶峰项目，以评价学生参与科学探究的能力；所有高等教育管理专业的学生必须至少完成36小时的实习工作并通过考试；所有学生选择完成两个轨道之一，即应用专业轨道或实证研究轨道。

英国剑桥大学教育学学术型研究生教育的评价方式如下：多数课程在结束后，都要求学生上交两篇小论文和报告，学校相关监管部门将会组织人员进行评估并给予一定的反馈。在每个学期末，学校的督学或教师会针对学生的论文和报告给他们写一份详细的电子报告，学生可以在剑桥研究生监管报告体系平台看到该报告。这一及时、有效的反馈机制能够保障学生的学习效果。

澳大利亚莫纳西大学教育学学术型研究生教育的评价方式如下：学校规定，学生按规定选择课程修满要求的学分就可以选择提前毕业，但证书将有所不同，只能获得研究生证书或教育硕士文凭。对于具体课程的评价而言，学生包括平时作业、课堂表现、期末考试等在内的综合评定成绩必须在50分以上才可获得相应的学分，否则都得重修或者补考。

第三节 国外教育学学术型研究生课程建设经验对我国的借鉴意义

经过粗浅的比较分析与思考可知，美国、英国、澳大利亚、日本、新加坡等国的教育学学术型研究生教育课程建设既具有共性，也呈现出不同的特点。结合当前我国教育学学科专业发展状况，我们可以从以下几个方面进行改革与探索。

一、深化教育学一级学科研究生培养综合改革

拔尖人才培养与学术创新能力提升是学术型研究生教育改革与发展的基本着力点，这就要求学术型研究生人才培养体系建设应具有跨学科、跨专业的交叉与融合特点，强调对学生学术研究能力与创新能力的指导与训练。然而，在传统的人才培养体系下，研究生仅属于某一具体的二级学科，这种单学科的培养模式不但造成了严重的组织壁垒、降低了资源使用效率，更严重的是在科学发展日益分化、融合的大科学时代，这种以二级学科为平台的研究生教育严重阻碍了研究生和导师跨学科视野的拓展和跨学科研究的开展，严重影响了研究生教育质量和学科建设质量。因此，立足“一级学科”的研究生人才培养体系建设有利于打破传统的小专业、单学科教育，实施跨学科、跨专业的联合培养。这既符合学科融合发展的趋势，也适应了学术发展对不同学科知识的专业学习要求。以清华大学为例，其“一级学科”研究生人才培养体系建设成绩显著，具体而言，人才

培养遵循“按一级学科打基础，按二级学科培养，按三级学科确定主攻方向；提倡按一级学科招收培养博士生”的办学理念，在此基础上强调学科专业知识结构的深度与宽度，为交叉学科研究生培养提供空间，并重视本科生与研究生课程的统筹设置与衔接。就其效果而言，按照一级学科进行研究生培养，统筹课程设置和培养环节要求，促进了学科交叉和融合，使研究生教育资源得到充分、有效的利用，研究生教育质量得到充分、有效的保障，研究生的学术创新能力和素养均有了显著提高。

二、强化教育学专业设置的灵活性与校级特色

学校的专业设置对课程建设具有重要影响，尤其是在教育学学术型研究生培养主体多元化的今天，我们应该特别强调教育学学术型研究生专业设置的灵活性和学校特色，为有特色、高水平的教育学学术型研究生课程建设奠定坚实的基础。当前，我国教育学学术型研究生培养的主体主要是各级各类师范院校和综合性大学，不同类型的大学有着不同的学科专业优势和办学特征，这都是教育学学术型研究生课程建设的重要优势资源。随着教育学学术型研究生教育改革的不断深化，当前我国教育学一级学科内不同二级学科点之间的区别不再是传统“专业”意义上的区别，更不是研究领域或知识范围之间的区隔，而是研究方向和学习侧重点之间的分别；二级学科不再是一个独立的研究或教学单位，而更多的是在一级学科统领下的互相紧密联系着的工作小组，其关注的仅仅是在同一科学领域的不同方面。面对这种形势，各研究生培养单位应充分利用学校的办学特色与优势，将教育学学术型研究生专业设置与学校学科专业优势和特色紧密结合，在保证专业设置基本要求的基础上，突出本校教育学学术型研究生专业设置的优势与特色。就基本要求而言，无论哪种类型的大学教育学学术型研究生专业设置，都应与教育学二级学科紧密相关，体现国家对教育学学术型研究生教育的基本要求。就专业设置特色而言，就是要在教育学学

术型研究生专业设置上体现学校学科优势与特色。对于师范院校来说，应充分发挥教育学专业的传统优势特色，突出服务基础教育需求，彰显教师教育特色，注重培养研究生扎实的教育学专业理论素养与专业实践能力；对于综合性大学而言，应将学校综合型的学科专业优势与教育学学术型研究生专业设置相结合，突出学科交叉融合特征。在课程建设上，应以特色和优势的专业设置引领课程建设实践，充分发挥教育学一级学科的统领和辐射作用，弱化二级学科的知识和组织边界，全面深化课程体系建设与教学改革创新，促进教育学学术型研究生教育的可持续、高质量发展。

三、落实以课程群为依托的教育学课程体系建设

以课程群建设为基准，在教育学一级学科内部或突破一级学科的范围来优化课程体系、重新组织专业知识、更新专业课程内容，加大对创新能力培养课程、学科交叉融合课程、研究型课程等的设置力度，深入推进跨学科研究、教学和学习，着力培养学生的“学理意识”“方法意识”“问题意识”“国际意识”“反思意识”。

第一，专业理论学习指导课程群。这类课程旨在促进研究生对专业知识的系统学习，培养其以专业理论知识、专业意识、专业精神为核心的专业素养，为其专业学习、研究和实践奠定知识基础，主要包括学位基础课、理论框架建构、专业理论学习指导等，以及教育研究的范式与学术规范和前沿理论等。

第二，学术创新能力训练课程群。这类课程旨在通过系统的科研训练，培养研究生以问题意识、思维品质、研究方法运用以及学术语言表达等为核心的科研创新能力，主要包括研究方法类、思维训练类、交互研讨类等课程。

第三，教育实践能力创生课程群。这类课程旨在通过促进研究生参与专业实践，使其将理论应用于实践，在专业实践中反思理论知识，在理论

学习中思考实践问题，培养学生的专业实践素养，主要包括见习和实习类、观摩研讨类、实验实训类等课程。

第四，综合语言提升拓展课程群。这类课程旨在培养研究生的以国际意识和综合语言素养等为核心的国际交流能力，主要包括语言技能提升类、语言文化熏陶类、学术语言表达类等课程。

四、统筹兼顾、分类精选与组织教学内容体系

不同的课程教学内容需要采取不同的教学方式，研究生教育的创新性特征更需要各培养单位明确不同课程类型的教学要求，统筹兼顾、分类精选与组织教学内容体系，高质量地推进课程教学工作。从不同类型课程的要求来看，专业理论学习指导课程强调教学内容的基础性、前瞻性和指导性；学术创新能力训练课程强调教学内容的热点性、交叉性和交互性；教育实践能力创新课程强调教学内容的实效性、针对性和操作性；综合语言提升拓展课程强调教学内容的拓展性、情景化和实操性等。在教学组织形式层面，相关课程教学更强调形式的多样化，诸如专题讲授课、班级研讨课、案例分析课、课堂实录分析、专题讲座、模拟教学、项目研究、实践考察等；注重团队授课和交互研讨式的教学改革实践，目的在于促进学生学会学习、学会研究，使学生在掌握基础理论知识的同时，具备解决教育实践问题的能力，从而提高研究生的教育实践能力。在日常教学实践中，教师应以引导为主，充分激发学生学习的自觉性和能动性。导师与研究生应多开展跨一级学科、交叉学科与新兴学科的研究工作，建立开放型的研究生学位论文模式。同时，应以一级学科为平台，在重视学生理论知识学习的基础上，注重培养学生发现问题、分析问题和解决实际问题的能力，促进学生多参加实践活动，如教学实践、科研实践、社会调查、科技服务等，培养研究生的科学探索和创新能力。

五、完善教育学学术型研究生的学位点管理制度机制

根据实际情况，理顺教育学学科授权点的研究生招生制度、奖助贷体系、研究生管理和学位授予机制，以完善的研究生学位点管理制度助推研究生教育的高质量发展。

第一，完善研究生招生配套政策。按照一级学科制订统一的研究生招生目录，招生考试科目的专业基础部分按一级学科范围命题，考试内容涵盖一定数目的课程；跨学科、交叉学科的学科方向的考试可以在一定范围内指定跨学科的选考科目。考试内容有一定的覆盖面，将会有利于考查学生的专业基础和综合素质。以教育学一级学科的重点知识内容为核心来选拔学生，才能真正做到择优录取，提高生源的整体水平。

第二，健全研究生奖助贷体系。在现有研究生奖助贷体系的基础上，实行滚动式的奖助学金制度，强化研究生在学习中的竞争意识，保证研究生人才培养质量。同时，奖助贷体系不应只局限于物质层面的支持，更应注重精神层面的人文关怀。

第三，建立研究生学业支持和管理制度。通过对一级学科研究生进行制度化的考核，制定政策支持和鼓励优秀硕士研究生提前攻读博士或推荐优秀硕士研究生出国交流访学；建立研究生创新基金，为培养研究生创新能力提供经费支持，对发表高水平文章的研究生给予奖励，奖励科技获奖者、优秀毕业论文等；建立以一级学科为平台的新的研究生管理模式，充分发挥一级学科的统领和辐射功能，通过制定系列标准，统一管理和集中规范，避免发生部分二级学科对于研究生管理“过松”的现象。

六、加强教育学学术型研究生教育教学质量常态监管

国家教育行政部门及各培养单位应不断完善研究生教育教学质量监管和评价机制，加强对学校的人才培养过程，以及研究生学习和发展状况

的常态化监管，全面提高学校的创新人才培养能力和研究生实际水平。

第一，建立健全学校研究生培养制度体系。从学校层面加强对教育学研究生教育的顶层设计，从学校教育和研究生发展的实际出发，制定适宜的研究生教育教学监管制度，如“研究生教育教学管理条例”“研究生导师工作体例”“学位论文答辩和评审规范”“研究生专业实践指导意见”“研究生课程教学质量评估暂行办法”等，促使学校的研究生教育全过程都有据可依，形成自主自律的研究生培养制度和运行机制。

第二，强化对教师及导师的教育教学过程的监管。推进落实研究生课程教学过程评估，在促进教学督导常态化督查的同时，在学期内定期开展研究生课程教学状况调查评估，将教学督导评价、教师自评与学生评价相结合，及时向任课教师反馈教学评估意见，并结合实际提出改进建议；充分重视研究生导师的育人作用，强化对研究生导师的育人过程的监管，促进导师充分发挥在学生专业知识学习、科研能力训练、实践素养培育等方面的重要作用，尤其应突出对导师指导研究生科研创新活动状况的评估，促进导师效能的充分发挥。

第三，落实研究生学习过程性评估。进一步完善研究生学习过程评估制度设计，建立研究生课程学习、科研训练、实践锻炼等多位一体的学习过程评估制度，强化对研究生课程学习状况的考核和评价，推进研究生参与高层次科研项目，并产出高水平科研成果，强化对学位论文选题、写作、答辩等关键环节的监管，鼓励和支持研究生参与专业实践，促使研究生的综合素养得到全面提升。

第三章 我国教育学学术型研究生课程建设实践与经验分析

教育学学术型研究生课程建设是一项兼具理论性和实践性的工作，既需要科学深入的理论研究，也需要立足实践的扎实探索。当前，我国各教育学学位授权点已经对学术型研究生课程建设做了较为系统的探索，形成了众多的典型案例，并积累了一定的成功经验。深入分析这些案例和经验，既是对教育学研究生课程建设理论的升华，也是对改革实践的深入反思，能够促使我国教育学学术型研究生课程建设在立足现状、把握优势的基础上，在实践中得到有效推进，不断提高课程建设的质量。鉴于此，我们总结了国内各教育学研究生学位点课程建设的典型做法和成功经验，以期为加强教育学学术型研究生课程建设提供更有效的建议。

第一节　构建契合实践的研究生课程体系

近年来，我国各教育学研究生培养单位在课程建设中不断深化课程改革、丰富课程类型、拓展课程形式、提高课程质量，努力提供更加多样、优质和灵活的课程类型，深化实践课程建设的校企合作，聚力打造研究生精品课程，促使教育学研究生课程体系更加契合学生的发展需求与生产实践的要求。

一、提供多样、优质、灵活的课程

第一，夯实一级学科学位基础课程。华东师范大学教育学部正在建设的课程包括“教育研究方法”（分为教育的质性研究方法、教育的量化研究方法）、“教育基础与前沿”。为了保证课程质量，一级学科学位基础课程聘请知名专家领衔组建教学团队，采用教师集体备课和研讨、分模块授课的形式。厦门大学教育研究院在硕士、博士课程中各重点建设一门学科共通核心课，选拔教学水平和科学研究水平一流的教师担任主讲教师，将学科最前沿的科研成果融进授课内容，坚持理论紧密结合实践进行教学。对于博士生学科共通核心课“高等教育学专题研究”，还组织和安排研究生赴相关院校调研，并在院校学术例会上分组做调研报告。

第二，重视方法类课程建设。北京大学教育学院一贯注重研究方法类的课程建设。学院和各系各专业都将方法类课程作为学院必修、系必修和方向必修课，从而为研究生进一步开展规范的学术研究提供扎实的研究方法训练和指导。其主要的研究方法类课程包括“教育研究过程与方法”“质性研究方法”“高级定量研究方法”“教育统计与软件应用”等，此外还有“教育测量学”“教育项目定量评估方法”“研究生论文写作规范”“文献综述方法”等。

第三，鼓励选修跨学科课程。复旦大学高等教育研究所要求硕士生在三年内完成培养计划，跨一级学科选修不少于 2 学分。南京大学教育研究院要求教育学学术型研究生必须跨一级学科选读不少于一门课程。厦门大学教育研究院要求教育学学术型研究生至少修学 2 学分的跨学科选修课。清华大学教育研究院鼓励学生跨院、跨校选课，大部分学生选择了公共管理学院开设的“社会科学研究方法（高级）”、经济管理学院开设的“高级计量经济学”、社会学系开设的“高级统计学”等课程，教育技术专业的学生几乎都选择了该校信息科学技术学院、计算机学院、软件学院等开设的相关课程。

第四，开设跨专业补修课程。厦门大学、清华大学、河北师范大学等培养单位针对部分教育学研究生跨专业的学科背景，特开设了跨专业学生补修课程，以此夯实跨专业学生的教育基础知识。其开设的课程主要包括“教育经典文献导读”“中国教育史”“外国教育史”“教育心理学”“德育论”“教学论”等。

第五，注重研讨类、实践性课程建设。南京师范大学为了杜绝教师的“满堂灌”，增加了案例课、讨论课、实践课的比例，硕士课程中研讨类课程和实践性课程比例达到了 50%，博士课程的这一比例达到了 70%。

第六，提供丰富的选修课程。华中师范大学打破了二级学科壁垒，为学生开设了丰富的二级学科选修课。例如，为博士生开设了近 70 门二级学科选修课供学生选择，鼓励学生跨专业选课。

第七，开设名著选读课程。北京大学教育学院开设了博士生读书课程“教育名著选读”“教育学原理”，在全国博士生教学中都是一种重要的实践探索，通过教师与学生一同精读古典文本、经典文献，提高研究生研读文献的兴趣和能力，在学科文献方面为专业学习和科研奠定扎实的基础。

第八，开设短期课程。自 2012 年起，复旦大学研究生院推出了研究生复旦暑期强化教育项目，采取“集中授课、夏季为主、聘请名师、对外开放、计算学分”的方式，满足研究生拓展学术视野的学习需求。

第九，探索在线开放课程。清华大学教育研究院充分利用清华大学在全国率先开展慕课教学的优势，积极主动参与了相关课程的开发。目前，该院已经有多门课程实现网上运行，如“教育社会学”“新生入学教育基础理论”等。未来，还计划上线多门专业课程。

第十，开设教学实践课程。河北师范大学教育学院培养方案规定，学术硕士生需完成相当于 20 学时教学工作量的教学实践，目的是使学术硕士生对本科教学工作有初步的了解，其方式可以是硕士生对本科生进行课程辅导，指导实验、实习、课程设计，辅助指导论文等。湖北师范大学教育学学术研究生培养方案规定，实践教学为必修环节，占 6 学分，研究生在校期间须进行教育实习、教育见习、微格教学、教育调查等实践学习。

第十一，推进国际化课程建设。三峡大学黄首晶教授主讲的学位基础课“教育科研方法”，直接引进美国北卡罗来纳大学的原版全英文教材，采取全英文授课，包括布置英语作业、采用英语考试、使用英语多媒体课件等。浙江师范大学比较教育学方向开设了完整的全英文硕士课程。厦门大学教育研究院每学年夏季学期会开发 1～2 门国际化课程，提供充足的教学经费保障，聘请知名境外专家、学者讲授学科国际前沿课程。首都师范大学每年资助建设博士、硕士各一门方向必修课的全英文授课课程，要求授课教师提供英文课程标准、教学大纲、课程资源、课程考核和评价办法等。华东师范大学采用立项申报等措施，大力支持教师开展全英语课程建设，提高研究生课程的国际化程度。

第十二，学术活动课程化。宁波大学教师教育学院增强课程修习方式的灵活性，每个研究所或二级学位点每个学期都会举行 5～8 次不等的学术沙龙等活动，要求研究生必须参加，并实行积分制，作为考核的一个方面。广西师范大学开设了“教育学术讲座”课程，开设时间主要在前三个学期内，由学校邀请国内外著名教育学者开设教育学术前沿讲座，每名研究生必须参加有考勤记录的 8 次学术讲座，按 32 学时（2 学分）计入学位课程研习。石河子大学把参加学术交流活动和文献阅读作为硕士研究生的必修环节，分别记 2 学分和 1 学分，并计入总学分。

二、与企事业单位合作开设实践性课程

各培养单位都高度重视对教育学研究生实践能力的培养，通过采取深化与企事业单位的全面合作、强化校企双方协同育人等方式，全面提高研究生的实践性课程建设质量。浙江师范大学将学前教育专业研究生课程开到了实践一线，将课程直接安排到实践基地进行教学，把课堂搬到现场，让学生在幼儿园观摩教师教学，或通过组织游戏活动和自主实践等方式来体悟学习，使理论与实践紧密结合，有效提高了学生分析和解决问题的能力，近年来的成效十分显著。北京大学教育学院教育技术系突出人才培养的应用性和实践性，因而在课程设置和学生培养环节对学生的实践经验提出了较高的要求，并将课外实习实践纳入学分和考核要求中。相关课程定期从企业邀请实践导师与在校生进行交流，注重实践和教学相结合。同时，学院及各系积极为学生提供到相关企业参访、实践的机会，目前开设有“E-Learning 的技术与应用”“教学实习”等实践性课程。

三、聚全校之力打造研究生精品课程

在国家大力推进精品课程建设的背景下，我国各教育学研究生学位点在研究生课程改革中充分依靠国家政策优势，集聚全校之力打造研究生精品课程，在以此为抓手提高课程质量的同时，推进优质研究生课程资源共享。经过大力建设，河北师范大学的“教育哲学”课程被评为河北省高等

院校精品课程。湖北师范大学的教育学学科积极打造了精品课程“教育科研方法”，并有选择性地资助研究生课程建设，对学科建设起到了积极的促进作用。石河子大学教育学科经过系统的课程建设谋划，其课程“教育学”成为省级精品课程，“教育研究方法”成为国家级精品资源共享课，也是研究生精品课程，“教育经济学”“高等教育学”“教育学原理专题”成为研究生精品课程，“教育政策研究基础”成为研究生特色课程建设项目。延边大学的课程“教育科学研究方法”是吉林省精品课、吉林省教师教育精品资源视频共享课、延边大学重点建设课程。

第二节　创新研究生课程教学模式

教学模式对课程教学质量具有重要影响，深化教学改革、推进教学模式创新一直是我国研究生教育改革的重要任务。近年来，各培养单位在研究生课程教学实践中不断推进教学组织方式创新，鼓励和支持授课教师探索多元化的教学方式，大力强化研究生课程资源和教材建设，为研究生高质量教学夯实了根基。

一、创新教学组织方式

面对研究生课程内容的理论性、专业性、高深性等特征，各培养单位在教育学研究生课程教学中不断创新教学组织方式，结合课程的具体内容特征积极探索和实践教师联合授课制度。自 2015 年开始，江苏大学对学术型研究生培养计划中的专业核心课程实行课程组制度，即每门专业课程原则上由不少于 2 名相关专业领域的教师组成课程组进行教学，同时确定一名课程负责人。对于专业核心课程，则要求由不少于 3 人组成的课程组进行教学。宁夏大学教育学院应用心理学专业共同必修课“心理学研究方法”“高级心理统计”，主要采用大专题的形式，由 4 名相关教师合作开设，教授内容更加专业和精练。三峡大学教育学院开设了“教育改革发展前沿”课程，促进研究生掌握本学科最具前沿性、综合性、基础性的专业知识，聘请北京师范大学、华东师范大学、华中师范大学、中国教育科学研究院、宜昌市教育科学研究院等机构的 20 多名兼职教师联合授课。

二、探索多元教学方式

第一，强化案例教学研究和建设。在教学方法改革方面，辽宁师范大学在教育原理、教育管理等专业重点强化案例教学研究和课程教材开发，组建案例教学实验室和教育案例资源库，实现了教学案例的计划性采编和系统化建设，并为方便教师筛选合适的案例搭建了专门的网络平台。在案例教学内容和教材开发方面，已经取得了一系列得到国内同行广泛认可的研究成果，如《教育基本问题案例研究》《教育管理问题案例研究》等。

第二，推进对话教学。首都师范大学邀请对话教学专家张增田教授为全体导师做对话教学理念与方法的专题讲座，鼓励教师在教学中采用对话教学的方法，培养学生的创造能力、学术语言表达能力，提高学生的学术研究水平。

第三，探索翻转课堂教学模式。西北师范大学利用微信平台组织研究生在课外阅读大量课程资源，在课内对相关专题进行探讨，答疑解惑，课后继续修改，调动研究生学习的积极性，如王鉴教授讲授的课程“课程与教学理论”就是如此。

第四，积极探索新的教学方式。厦门大学坚持研究导向，鼓励教师采用“学习–研究–教学”三结合的教学方式，此教学方式曾获国家级教学成果奖一等奖。其课程内容中涵盖具体的研究方法，既可以使研究生掌握坚实的基础理论和系统的专门知识，接触学科发展前沿，了解国内外最新研究成果，又有利于提高研究生的语言表达能力，培养研究生的问题意识和创新思维，提高研究生运用学科理论和方法解决实际问题的科研能力。浙江师范大学鼓励课堂互动，目前已有课程尝试采用 SDIN 课堂教学模式，即针对课前、课中和课后三个环节的核心——课堂教学环节的四个关键组成要素形成了相对稳定的教学模式，具体包括学生专题讲述（statement）、小组讨论（discussion）、提问互动（interaction）、教师陈述观点（narration）。

三、重视课程资源建设

丰富的课程资源是推进高质量课程建设的重要保障，我国各教育学研究生学位点在课程建设中都十分重视课程资源的重要作用，通过加大对专项经费的支持等措施，不断丰富和拓展课程资源。陕西师范大学教育学科通过将学院划拨专项经费采购与支持教师分散购置相结合，学科专业领域的经典书目、常用的教学和科研参考书目、学科领域的核心期刊等均由学院统一购置，并安排专人每年定期对专业领域的学术专著进行查新和购买，不断扩大文献的类型和数量。对于教师个人而言，学校层面放松了对教师科研经费购置图书资料的限制，教师单笔购置 1000 元以内的图书，不需要统一采购和提供明细即可报销，促使研究生能够很方便地获得相关专业领域最新的文献资料。广西师范大学依托广西财政资助博士授权单位立项建设项目的经费，每年拨出 180 万元用于公共图书资料的购置，在教育学博士点建设经费中每年还拨出专款近 10 万元，连续 3 年采购教育类的学术专著，订阅教育类权威优秀期刊 100 多份。

四、推进课程教材建设

教材建设是课程建设的重要内容，我国各教育学研究生学位点都十分重视研究生教材建设，通过采取加大研究生教材建设经费支持、推进研究生教材评奖评优等举措，不断探索和完善教材建设方式，提高研究生教材建设质量。南京大学设立了优秀研究生教材建设基金，每年资助 10 本次研究生教材建设，每本资助额度在 2 万元以内。近年来，延边大学引进韩国、日本等国教学参考资料 3772 种、教学案例 8 个，自行开发民族或区域教材 4 种。华中师范大学集聚学科之力出版了《教育学》《教育经济学》等一批有全国影响力的研究生教材。首都师范大学资助教师开展新教材的编写、出版工作，计划每年至少一项新教材立项，争取 5 年内出版研究生教材 10 部。华东师范大学在课程建设的基础上，鼓励教师积极申报精品课程和精品教材，培育和推出一系列高水平研究生精品教材。

第三节 提高研究生课程教师教学能力和水平

教师资源是研究生课程建设的核心资源，持续强化高水平教师队伍建设、提高教师教学能力和水平是提高研究生培养质量的关键一环。近年来，我国各教育学研究生学位点通过加大对研究生课程建设与教学改革的支持、强化师能建设、打造高水平兼职队伍等方式，研究生的教师队伍状况得到了明显改善。

一、加大对课程建设和教学改革的激励与支持

第一，通过评选优秀研究生课程，对研究生课程建设进行专项资助和奖励，激发教师参与和推进研究生课程建设的积极性。南京师范大学每年面向一级学科评选研究生精品学位课程，资助研究生任课教师进行课程改革。南京师范大学教育科学学院程天君教授领衔的“教育学原理”、何善亮领衔的“中小学科研方法”均进入精品学位课程建设之列。南京大学研究生院将试行两年一次的优秀研究生课程评选，对优秀课程主讲教师予以奖励，学校给予课程建设资助，并参加江苏省研究生培养创新工程优秀研

究生课程评选。

第二，建立健全研究生任课教师奖励约束机制。首都师范大学出台了教学优秀奖金制度，拟在每学年结束前对本学年研究生课程教学质量评价结果（学生评价分数占 70%，课程建设领导小组评价分数占 30%）在全院排名前 5 位的教师，每人奖励 5000 元，奖金以支持教学改革项目的形式颁发。三峡大学设立了课堂教学奖，课程教学评价总分在全院前 5%、10%的教师，分别奖励课程研究经费 3000 元、2000 元，支持其进行教学改革。同时，鼓励任课教师申报研究生教育成果奖，凡获批省级、校级成果奖者，学院分别配套奖励 5000 元、3000 元。江苏大学研究生院对校管课程的最终评价分为 A、B、C 三类，A、B 类课程为全校优秀课程，并在计算教师教学工作量时给予相应的系数补贴。三峡大学推行了教学检查制度，采取课堂教学检查、学院教学档案检查等方式对教师授课情况进行检查，检查结果与教师的年度考核、职称评审紧密结合，排名居后 5%的教师次年不得晋升职称。

二、加强师能建设，提升教师的课程教学能力

教师的教育教学能力是研究生课程教学质量和课程建设成效的重要影响因素，近年来各教育学研究生学位点通过探索和建立教师教学能力培养制度，有效提升了广大教师的教育教学能力。南京师范大学实施新老教师结对制度，对新上岗的导师开展上岗培训，充分发挥教学经验丰富教师的“传、帮、带”作用。同时，对于已经上岗且年龄在 50 岁以下的导师，学院也多次组织他们开展研修沙龙，交流研究生培养的问题与经验。华东师范大学鼓励教师合作开设和开发专业课程，特别是让新进教师与资深教师合作，在课程与教学上形成梯队或团队，鼓励和支持中青年教师在教学改革中发挥更大作用，争取为青年教师创造更多教学交流机会。同济大学成立了专门的校级机构“同济大学教师教学发展中心”，推动师资培训和

建设，并由人事处下达了《师资培训制度》进行规范指导。“教师午餐沙龙”是学校师资培训的常规活动，教育学科除了将师资培训和建设纳入学校整体安排，还不定期召开各类教育学科教师研讨会和专业讲座，提高教师的学科素养。

三、打造高水平的兼职教师队伍

高水平的兼职教师队伍能够为学科发展注入新的活力。随着我国各研究生学位点之间对外交流合作的不断扩大，一些教育学研究生培养单位通过强化政策和经费支持，促进本单位与其他高水平学位点和相关学校及企业的紧密合作，协同打造高水平兼职教师队伍。北京师范大学教育学科设立有专项经费，定期在全球范围内引进专业领域的知名教授开设长期或短期课程，借助学科优势搭建平台吸引国内外相关专家前来讲座、访学、交流，积极与中小学和相关教育科技企业开展双向合作，引进中小学名师和教育科技企业专家到校授课，开展讲座和交流等活动，形成了一支相对稳定的高水平兼职教师队伍。同济大学高等教育研究所不断深化与中小学和相关企业的合作，根据学科专业优势和特点，在 12 所学校和 6 家企业建立了研究生教学实习基地和企业实习基地，聘请 30 名有高级职称的学校教师和企业人员进行实习指导或担任研究生副导师，提高了研究生培养的质量。

第四节　加强研究生课程考核与教学监管

完善的课程监管制度是研究生课程教学质量的重要保障。在当前我国不断深化教育评价改革的背景下，各教育学研究生学位点也在不断探索和完善研究生课程教学评价体系，通过完善课程考核制度、严格课程教学管理、强化课程教学评价等方式，促使我国的教育学研究生课程评价制度日趋完善。

一、完善课程考核制度

课程考核是研究生课程教学质量的重要保障，各教育学研究生学位点都将完善课程考核制度、强化课程考核作为提高课程质量的重要举措。同济大学要求教育学研究生学位课程考试必须采用笔试，非学位课程考试可以采用笔试或口试，也可以将笔试与口试相结合，根据课程特点和培养要求，考试可以采用闭卷或开卷的方式进行。厦门大学教育学科对研究生公共课进行了较大幅度的改革，取消了博士生公共外语学分要求，将硕士生公共课学分减半，将政治课教学方式改为专题研讨式、讲座式，注重启发式教学，考核方式更加灵活、开放。这些举措改变了公共课呆板的授课方式和内容，更适应研究生培养层次目标，既取得了更好的教学效果，又能使研究生腾出时间、精力投入到学科知识学习和研究之中。浙江师范大学教育学学科研究生的学位公共课等课程考核形式分为考试和考查两种。其中，公共必修课和公共选修课为考试项目（博士层次占总学分的比例为 5/19，硕士占 5/32），学位平台课、学科方向必修课和选修课均为考查项目，两大类课程均采用百分制评定成绩，60 分为合格。

二、严格课程教学管理

课程教学过程是课程建设的中心环节，课程教学效果对课程建设质量具有决定性影响。近年来，我国一些教育学研究生培养单位通过强化教学过程管理，有效保障了研究生课程教学质量，如部分学位点通过制定并优化课程教学大纲，保证研究生课程教学的基本方向。浙江师范大学要求每一门课程都有完整、规范的课程教学大纲，博士层面的学位平台课程和方向主干课程还要求有英文版的大纲。湖南师范大学对专业必修课课程教学大纲进行了全面的修订，截止到 2016 年 6 月，已完成“教育哲学”“中国教学论史”“课程理论研究”“高等教育管理专题”“学前教育基本理论”“比较教育的理论与方法”等 63 门课程的教学大纲修订工作。华中师范大学要求授课教师在开课时向学生提供该门课程的经典书籍、论文等文献的目录以供学生深入研习。还有的学位点通过完善课程学习警告与淘汰机制，促进研究生认真开展专业学习。首都师范大学教育学院在研究生课程选课管理上实行研究生课程学习警告与淘汰机制。研究生在课程学习结束后，如果不及格课程累计达到 5 学分以上（含 5 学分），做警告处理，不及格课程累计在 9 学分以上（含 9 学分），做退学处理。

三、定期实施课程评价

为了提高课程建设质量，各研究生学位点不仅强化了研究生课程教学过程管理和学生课程学习考核，而且通过制定科学的研究生课程评价标准及评价制度，定期对研究生课程的开设状况进行评价，有效保障了课程开设质量。厦门大学教育研究院根据教育学科的特点和规律，自主开发设计了研究生课程质量测评表，使得测评项目更适合教育学科课程评价的特殊要求，并对每门研究生课程定期实施评价。首都师范大学依托学生评教制度，不断完善研究生课程质量评价与反馈机制，对研究生课程教学过程进行全面监管，学校规定研究生评教的成绩低于 70 分的研究生授课教师，主管领导会对其进行约谈，限期整改，若整改之后，成绩仍然低于 70 分，将取消其该课授课资格。三峡大学教育学院则会在定期召开的研究生培养联席会上通报研究生课堂教学检查和教学评价结果，到课率 70%以下和评价得分在 70 分以下的教师由院长约谈，并限期整改；评价得分在 60 分以下的，取消其任课教师资格，三年内不得重新担任该课程的主讲教师。

第四章
我国教育学学术型研究生课程建设现状调查结果分析

本次问卷调查的目的在于了解我国教育学学术型研究生课程建设的基本情况和影响因素，收集各培养单位授课教师与研究生对今后研究生课程建设工作的意见和建议，为落实课程建设任务和制定核心课程指南提供参考依据。

考虑到调查结果的代表性和精度，本次问卷调查范围涵盖了全国范围内26个教育学一级学科博士点和88个一级学科硕士点的授课教师和在学研究生，确保问卷调查对象覆盖不同地区、不同类型、不同学位授权点院校等各类情况。调查样本的选取遵循以下三个原则：①随机性原则。问卷调查实施过程中，在目标院校内部选择调查对象时，采用随机抽样的方式，尽可能通过有限样本得到客观、真实的结果，避免主观随意选取样本。②多样性原则。在进行目标院校选择时，综合考虑全国各学位授权点的所处地区、学校层次、学校类型等多种因素，确保样本覆盖到各种类型和层次的学位授权点，保证样本的多样性、代表性、典型性。③方便原则。在不影响随机性和多样性原则的前提下，不给培养单位增加负担，充分利用网络平台发放和填写问卷，提高效率。

调查内容针对不同对象，编制了教师问卷和研究生问卷两类，每类问卷均包括基本信息、对课程基本情况的感受和评价、对今后课程建设工作的意见和建议。调查采用网络问卷的方式，由教育部学位管理与研究生教育司帮助发函协调各教育学一级学科点，由被试通过网络链接指定网页填写并报送问卷。本章内容集中分析问卷调查结果，分为教师问卷调查结果和研究生问卷调查结果两个部分。

第一节　教师问卷调查结果

接受调查的有效教师样本共计 575 人，具体样本分布情况如下：①在性别上，男性有 296 人（51.5%），女性有 279 人（48.5%）；②在担任导师类型上，硕士生导师有 467 人(81.2%)，博士生导师有 106 人(18.4%)；③在年龄上，35 岁及以下教师有 78 人（13.6%），36～45 岁教师有 231 人（40.2%），46～55 岁教师有 224 人（39.0%），55 岁以上教师有 42 人（7.3%）；④在教龄上，教龄为 1～5 年的教师有 66 人（11.5%），6～10 年的教师有 95 人（16.5%），11～20 年的教师有 163 人（28.3%），21～30 年的教师有 175 人(30.4%)，31 年及以上的教师有 76 人(13.2%)；⑤在职称上，教授有 245 人（42.6%），副教授有 256 人（44.5%），讲师及以下有 74 人（12.9%）；⑥在学历上，具有博士学位的教师有 432 人（75.1%），具有硕士学位的教师有 120 人（20.9%），具有本科及以下学历的教师有 23 人（4.0%）；⑦在学位类别上，最高学位所属学科为教育学的教师有 448 人（77.9%），最高学位所属学科为其他学科的教师有 127 人（22.1%）；⑧在学缘上，最高学位获得地为本校的教师有 189 人(32.9%)，最高学位获得地为国内其他高校的教师有 318 人(55.3%)，最高学位获得地为境外高校的教师有 68 人（11.8%）；⑨在任教院校上，综合类院校教师有 197 人(34.3%)，师范类院校教师有 356 人(61.9%)，理工类及其他院校教师有 22 人（3.8%）；⑩在学位点类别上，教育学一级学科博士点教师有 296 人（51.5%），教育学一级学科硕士点教师有 277 人（48.2%）。

一、大多数教师承担 2～3 门课程，高职称教师授课量更大

（一）承担 2～3 门课程的教师超七成，教授授课量最大

本次研究对教师本学年承担的研究生课程门数进行了调查，根据调查结果（表 4-1），近九成（41.0%+30.8%+13.4%+4.0%=89.2%）的受访教师承担 2 门或 2 门以上的课程，其中承担 2 门或 3 门课程的教师超过七成（41.0%+30.8%=71.8%），承担 4 门或 5 门课程的教师接近两成（13.4%+4.0%=17.4%）。

表 4-1　本学年受访教师承担学术型研究生课程门数

课程数量/门	人数/人	百分比/%
1	62	10.8
2	236	41.0
3	177	30.8
4	77	13.4
5	23	4.0
合计	575	100.0

注：因四舍五入，个别数据之和不等于 100%，下同

对受访的 245 名教授承担的课程门数进行分析，结果（表 4-2）显示，14 人（5.7%）承担了 1 门课程，88 人（35.9%）承担了 2 门课程，82 人（33.5%）承担了 3 门课程，48 人（19.6%）承担了 4 门课程，13 人（5.3%）承担了 5 门课程。教授在本学年承担 2 门或 3 门课程的比例较高，各占样本总量的 1/3 左右（35.9%，33.5%）。

表 4-2　本学年受访教授承担的学术型研究生课程门数

课程数量/门	人数/人	百分比/%
1	14	5.7
2	88	35.9

续表

课程数量/门	人数/人	百分比/%
3	82	33.5
4	48	19.6
5	13	5.3
合计	245	100.0

对受访的 256 名副教授承担的课程门数进行分析，结果（表 4-3）显示，有 32 人（12.5%）承担了 1 门课程，117 人（45.7%）承担了 2 门课程，74 人（28.9%）承担了 3 门课程，25 人（9.8%）承担了 4 门课程，8 人（3.1%）承担了 5 门课程。副教授在本学年承担 2 门课程的比例最高（45.7%）。

表 4-3　本学年受访副教授承担的学术型研究生课程门数

课程数量/门	人数/人	百分比/%
1	32	12.5
2	117	45.7
3	74	28.9
4	25	9.8
5	8	3.1
合计	256	100.0

对受访的 74 名讲师承担的课程门数进行分析，结果（表 4-4）显示，16 人（21.6%）承担了 1 门课程，31 人（41.9%）承担了 2 门课程，21 人（28.4%）承担了 3 门课程，4 人（5.4%）承担了 4 门课程，2 人（2.7%）承担了 5 门课程。讲师在本学年承担 2 门课程的比例最高（41.9%）。

表 4-4　本学年受访讲师承担的学术型研究生课程门数

课程数量/门	人数/人	百分比/%
1	16	21.6
2	31	41.9
3	21	28.4
4	4	5.4
5	2	2.7
合计	74	100.0

（二）高职称教师承担不同类型的课程量更大

不同职称的教师均会承担所有类型的课程，整体上而言较高职称教师承担不同类型的课程量更大。根据调查结果（表 4-5 和表 4-6），在受访教师中，约九成（52.9%+37.4%=90.3%）的教育学学术型研究生学位基础课由教授和副教授承担，其中逾半数（52.9%）的学位基础课由教授承担；近九成（48.4%+41.3%=89.7%）的教育学学术型研究生专业必修课由教授和副教授承担，其中近半数（48.4%）的专业必修课由教授承担。

表 4-5　不同职称教师承担研究生学位基础课的情况

职称	人数/人	百分比/%
教授	99	52.9
副教授	70	37.4
讲师及以下	18	9.7
合计	187	100.0

表 4-6　不同职称教师承担研究生专业必修课的情况

职称	人数/人	百分比/%
教授	155	48.4
副教授	132	41.3
讲师及以下	33	10.3
合计	320	100.0

在受访的 245 名教授中，有 99 人（40.4%）承担了学位基础课，155 人（63.3%）承担了专业必修课，139 人（56.7%）承担了专业选修课。

在受访的 256 名副教授中，有 70 人（27.3%）承担了学位基础课，132 人（51.6%）承担了专业必修课，126 人（49.2%）承担了专业选修课。

在受访的 74 名讲师及以下职称教师中，有 18 人（24.3%）承担了学位基础课，33 人（44.6%）承担了专业必修课，36 人（48.6%）承担了专业选修课。

在受访的 575 名教师中，仅有 21 人（3.7%）承担了公共基础课。

二、研究生课程量适中，单导师制是主要指导方式，学术型硕士、博士学习年限应分别为 3 年和 4 年

（一）大多数教师认为研究生课程数量适中

对教育学学术型硕士学位研究生课程数量进行调查，根据调查结果（表 4-7），超过六成的受访教师认为课程数量适中，约有 1/4（1.7%+23.1%=24.8%）的受访教师认为课程数量多或偏多；对教育学学术型博士学位研究生课程数量的调查显示（表 4-8），超过七成的受访教师认为课程数量适中，约 1/4（9.0%+15.5%=24.5%）的受访教师认为课程数量少或偏少。

表 4-7 受访教师对当前学术型硕士课程数量的态度

选项	人数/人	百分比/%
多	10	1.7
偏多	133	23.1
适中	358	62.3
偏少	70	12.2
少	4	0.7
合计	575	100.0

表 4-8 受访教师对当前学术型博士课程数量的态度

选项	人数/人	百分比/%
多	9	1.6
偏多	55	9.6
适中	370	64.3
偏少	89	15.5
少	52	9.0
合计	575	100.0

（二）单导师制是研究生的主要指导方式

目前教育学研究生的指导方式以单导师制为主。受访教师就教育学研究生指导方式的态度调查结果（表 4-9）显示，近半数（45.4%）的教师更加认同单导师制，超过 1/3（37.0%）的受访教师更加认同指导小组集体指导制，14.6%的受访教师认同双导师制。

表 4-9 受访教师对适合教育学研究生指导方式的态度

选项	人数/人	百分比/%
单导师制	261	45.4
双导师制	84	14.6

续表

选项	人数/人	百分比/%
指导小组集体指导制	213	37.0
其他	16	2.8
缺失	1	0.2
合计	575	100.0

（三）大多数教师认为学术型硕士、博士的学习年限应分别为 3 年和 4 年

绝大多数教师认为教育学学术型硕士和博士的学习年限分别为 3 年和 4 年比较合适。对教育学学术型研究生学习年限的调查结果（表 4-10 和表 4-11）显示，76.0%的受访教师认为，比较适合教育学学术型硕士的学习年限为 3 年；15.7%的受访教师认为 2.5 年比较合适。68.0%的受访教师认为，比较适合教育学学术型博士的学习年限为 4 年；近 1/4（23.3%）的受访教师认为 3 年比较合适。

表 4-10　受访教师对比较适合本专业学术型硕士的学习年限的看法

年限/年	人数/人	百分比/%
2	48	8.3
2.5	90	15.7
3	437	76.0
合计	575	100.0

表 4-11　受访教师对比较适合本专业学术型博士的学习年限的看法

年限/年	人数/人	百分比/%
3	134	23.3
4	391	68.0
5	50	8.7
合计	575	100.0

三、课程开设处于中上水平，基础性较强，灵活性较弱

受访教师对教育学研究生课程建设的整体评价处于中等偏上水平。评价主要基于基础性、灵活性、差异性和专业性四个方面，其中课程的“基础性”得分最高（3.94），其次为课程的“差异性”（3.91），课程的“专业性”得分紧随其后（3.90），课程的“灵活性”得分最低（3.73）（表4-12）。

表 4-12　受访教师对课程体系的整体评价

维度	题目	得分
基础性（3.94）	1.有助于研究生学位要求和培养目标的实现	3.97
	2.有助于研究生基本学术能力的习得	3.99
基础性（3.94）	3.有助于研究生基本学术素养的养成	4.00
	4.有助于研究生专业知识技能的掌握	3.96
	5.有助于研究生专业情感旨趣的塑造	3.78
灵活性（3.73）	1.组织社会资源共同开发课程体系	3.51
	2.定期调整、充实和更新课程体系	3.84
	3.能够满足研究生选课的多样化和个性化需要	3.70
	4.根据新的教育教学理念构建课程体系	3.83
	5.能够提高研究生对社会发展的适应性	3.81
差异性（3.91）	1.能够凸显本单位研究生培养的特色价值	3.92
	2.能够体现与本科生课程体系的合理区分度	3.96
	3.与本单位学科特色发展的定位相契合	3.97
	4.能够反映对硕士和博士学位的差异性要求	3.78
专业性（3.90）	1.能够体现本学科领域整体的继承性和发展性	3.91
	2.能够体现本学科知识结构的逻辑性和系统性	3.95
	3.能够体现与相关学科的交叉性和综合性	3.79
	4.能够体现本学科研究发展的前沿性和生长性	3.94

注：括号内为各维度的得分均值，下同

课程的“基础性”，体现为对实现人才培养目标的作用，包含以下 5

个题目："有助于研究生学位要求和培养目标的实现"，"有助于研究生基本学术能力的习得"，"有助于研究生基本学术素养的养成"，"有助于研究生专业知识技能的掌握"，以及"有助于研究生专业情感旨趣的塑造"。其中，教育学研究生课程对学生学术素养的养成效果最受教师认可，而课程对学生专业情感旨趣的塑造效果相对较弱。

课程的"灵活性"，侧重对学生和社会需求的回应，包含以下 5 个题目："组织社会资源共同开发课程体系"，"定期调整、充实和更新课程体系"，"能够满足研究生选课的多样化和个性化需要"，"根据新的教育教学理念构建课程体系"，"能够提高研究生对社会发展的适应性"。其中，教育学研究生课程体系的调整、充实和更新情况受到教师认可的程度较高，而课程建设中对社会资源的开发和利用还相对不足，教师的评价偏低。

课程的"差异性"，反映了培养单位的特色，包含以下 4 个题目："能够凸显本单位研究生培养的特色价值"，"能够体现与本科生课程体系的合理区分度"，"与本单位学科特色发展的定位相契合"，"能够反映对硕士和博士学位的差异性要求"。其中，教育学研究生课程对培养单位学科发展的定位的契合度最受教师认可，而课程在硕士和博士两个层次之间的区分度相对较弱，教师的评价偏低。

课程的"专业性"，体现为对学科知识体系发展规律的遵循，包含以下 4 个题目："能够体现本学科领域整体的继承性和发展性"，"能够体现本学科知识结构的逻辑性和系统性"，"能够体现与相关学科的交叉性和综合性"，"能够体现本学科研究发展的前沿性和生长性"。其中，教育学研究生课程的逻辑性和系统性最受教师认可，而课程体现的学科交叉性和综合性相对较弱，有待加强。

在群体差异方面，相对于本校毕业的教师，其他教师对课程"专业性"的评价更低，两者的差异较为显著。在其他题目的得分上，不同群体的差异不显著。

四、不同类型课程的开设比例和质量有所差异

（一）理论性课程开设比例适中，质量较高

大多数教师认为理论性课程比例适中、开设质量较高。根据调查结果（表 4-13 和表 4-14），超过 1/3（33.4%+3.0%=36.4%）的受访教师认为，为教育学学术型研究生开设的理论性课程偏多或多；近六成（57.9%）的受访教师认为该类课程比例适中。近七成（56.7%+12.0%=68.7%）的受访教师对理论性课程的开设质量表示非常满意或比较满意，这也是教师满意度最高的一类课程。由此可见，各学位点普遍重视教育学学术型研究生的理论性课程建设。

表 4-13　受访教师对理论性课程所占比例的评价

选项	人数/人	百分比/%
少	3	0.5
偏少	30	5.2
适中	333	57.9
偏多	192	33.4
多	17	3.0
合计	575	100.0

表 4-14　受访教师对理论性课程的满意度

选项	人数/人	百分比/%
非常不满意	5	0.9
比较不满意	37	6.4
中立	137	23.8
比较满意	326	56.7
非常满意	69	12.0
缺失	1	0.2
合计	575	100.0

（二）研究方法类课程开设比例适中，质量在学位点间存在差异

大多数教师认为研究方法类课程比例适中，开设质量在不同学位点间存在差异。超过 1/3（29.7%+5.6%=35.3%）的受访教师认为，研究方法类课程数量偏少或少；近六成（58.1%）的受访教师认为该类课程比例适中。超过半数（41.4%+9.9%=51.3%）的受访教师对研究方法类课程的开设质量表示非常满意或比较满意，但是约三成（29.9%）的教师不置可否（表 4-15 和表 4-16）。由此可见，研究方法类课程的开设质量在不同学位点间存在差异。

表 4-15　受访教师对研究方法类课程所占比例的评价

选项	人数/人	百分比/%
没有	2	0.4
少	32	5.6
偏少	171	29.7
适中	334	58.1
偏多	29	5.0
多	7	1.2
合计	575	100.0

表 4-16　受访教师对研究方法类课程的满意度

选项	人数/人	百分比/%
非常不满意	10	1.7
比较不满意	96	16.7
中立	172	29.9
比较满意	238	41.4
非常满意	57	9.9
缺失	2	0.4
合计	575	100.0

（三）研讨类课程开设比例适中，开设质量在学位点间存在差异

大多数教师认为研讨类课程比例适中，开设质量在不同学位点间存在差异。超过 1/3（32.7%+3.7%=36.4%）的受访教师认为，研讨类课程所占比例偏少或少；近六成（59.0%）的受访教师认为该类课程比例适中。超过半数（45.4%+10.1%=55.5%）的受访教师对研讨类课程的开设质量表示非常满意或比较满意，但是仍有约 1/3（31.7%）的教师对此不置可否（表 4-17 和表 4-18）。由此可见，研讨类课程的开设质量在不同学位点存在差异。

表 4-17 受访教师对研讨类课程所占比例的评价

选项	人数/人	百分比/%
没有	1	0.2
少	21	3.7
偏少	188	32.7
适中	339	59.0
偏多	19	3.3
多	6	1.0
缺失	1	0.2
合计	575	100.1

表 4-18 受访教师对研讨类课程的满意度

选项	人数/人	百分比/%
非常不满意	6	1.0
比较不满意	67	11.7
中立	182	31.7
比较满意	261	45.4
非常满意	58	10.1
缺失	1	0.2
合计	575	100.1

（四）专题类课程开设比例适中，质量在学位点间存在差异

大多数教师认为专题类课程开设比例适中，开设质量在不同学位点间存在差异。超过 1/4（21.7%+4.0%=25.7%）的受访教师认为，专题类课程所占比例偏少或少；近 2/3（66.4%）的受访教师认为该类课程所占比例适中。六成（49.2%+10.8%=60.0%）的受访教师对专题类课程的开设质量表示比较满意或非常满意，但是约三成（30.6%）的教师对此不置可否（表 4-19 和表 4-20）。由此可见，专题类课程的开设质量在不同学位点间存在差异。

表 4-19　受访教师对专题类课程所占比例的评价

选项	人数/人	百分比/%
没有	2	0.3
少	23	4.0
偏少	125	21.7
适中	382	66.4
偏多	38	6.6
多	4	0.7
缺失	1	0.2
合计	575	100.0

表 4-20　受访教师对专题类课程的满意度

选项	人数/人	百分比/%
非常不满意	6	1.0
比较不满意	47	8.2
中立	176	30.6
比较满意	283	49.2
非常满意	62	10.8
缺失	1	0.2
合计	575	100.0

（五）前沿性课程开设比例适中，开设质量在学位点间存在差异

大多数教师认为前沿性课程开设比例适中，开设质量在学位点间存在差异。四成（33.9%+6.1%=40.0%）的受访教师认为，前沿性课程所占比例偏少或少；56.2%的教师认为该类课程开设比例适中。过半（39.5%+10.6%=50.1%）的受访教师对前沿性课程的开设质量表示比较满意或非常满意，但是约1/3（33.7%）的教师不置可否（表4-21和表4-22）。由此可见，前沿性课程的开设质量在不同学位点存在差异。

表4-21　受访教师对前沿性课程所占比例的评价

选项	人数/人	百分比/%
没有	7	1.2
少	35	6.1
偏少	195	33.9
适中	323	56.2
偏多	10	1.7
多	5	0.9
合计	575	100.0

表4-22　受访教师对前沿性课程的满意度

选项	人数/人	百分比/%
非常不满意	11	1.9
比较不满意	80	13.9
中立	194	33.7
比较满意	227	39.5
非常满意	61	10.6
缺失	2	0.3
合计	575	100.0

（六）全英文课程开设比例较小，开设质量在学位点间存在差异

大多数教师认为全英文课程开设比例较小，开设质量在学位点间存在差异。超过六成（39.1%+22.1%=61.2%）的受访教师认为全英文课程所占比例偏少或少；14.6%的教师所在学校尚未开设全英文课程。近三成（22.6%+5.6%=28.2%）的受访教师对全英文课程的开设质量表示比较不满意或非常不满意，近 1/4（20.5%+4.2%=24.7%）的受访教师对全英文课程的开设质量表示比较满意或非常满意，近半数（47.0%）的教师对此不置可否（表 4-23 和表 4-24）。由此可见，全英文课程的开设质量在不同学位点间存在差异。

表 4-23　受访教师对全英文课程所占比例的评价

选项	人数/人	百分比/%
没有	84	14.6
少	127	22.1
偏少	225	39.1
适中	133	23.1
偏多	4	0.7
多	2	0.3
合计	575	100.0

表 4-24　受访教师对全英文课程的满意度

选项	人数/人	百分比/%
非常不满意	32	5.6
比较不满意	130	22.6
中立	270	47.0
比较满意	118	20.5

续表

选项	人数/人	百分比/%
非常满意	24	4.2
缺失	1	0.2
合计	575	100.0

（七）专业外语课程开设比例较大，开设质量在学位点间存在差异

大多数教师认为专业外语课程开设比例较大，开设质量在学位点间存在差异。45.0%的受访教师认为专业外语类课程开设偏多；与此同时，逾1/4（16.3%+9.7%=26.0%）的受访教师认为该类课程所占比例偏少或少。由此可见，专业外语类课程在不同学位点间的开设情况差异较大。近 1/4（19.1%+4.2%=23.3%）的受访教师对专业外语课程的开设质量表示比较不满意或非常不满意，近三成（23.0%+5.4%=28.4%）的受访教师对专业外语课程的开设质量表示比较满意或非常满意，近半数（48.0%）的教师不置可否（表 4-25 和表 4-26）。由此可见，专业外语课程的开设质量在不同学位点间存在差异。

表 4-25　受访教师对专业外语课程所占比例的评价

选项	人数/人	百分比/%
没有	2	0.3
少	56	9.7
偏少	94	16.3
适中	154	26.8
偏多	259	45.0
多	10	1.7
合计	575	100.0

表 4-26　受访教师对专业外语课程的满意度

选项	人数/人	百分比/%
非常不满意	24	4.2
比较不满意	110	19.1
中立	276	48.0
比较满意	132	23.0
非常满意	31	5.4
缺失	2	0.3
合计	575	100.0

（八）公共外语课程开设比例较大，质量在学位点间存在差异

大多数教师认为公共外语课程开设比例较大，开设质量在学位点间存在差异。超过九成（66.8%+23.7%=90.5%）的受访教师认为公共外语类课程开设偏多或多。约 1/3（5.7%+28.3%=34.0%）的受访教师对公共外语课程的开设质量表示非常满意或比较满意，近半数（49.6%）的教师不置可否（表 4-27 和表 4-28）。由此可见，公共外语课程的开设质量在不同学位点间存在差异。

表 4-27　受访教师对公共外语课程所占比例的评价

选项	人数/人	百分比/%
没有	2	0.3
少	6	1.0
偏少	9	1.6
适中	37	6.4
偏多	384	66.8
多	136	23.7
缺失	1	0.2
合计	575	100.0

表 4-28 受访教师对公共外语课程的满意度

选项	人数/人	百分比/%
非常不满意	17	3.0
比较不满意	76	13.2
中立	285	49.6
比较满意	163	28.3
非常满意	33	5.7
缺失	1	0.2
合计	575	100.0

（九）第二外语课程开设比例和质量在学位点间存在差异

大多数教师认为第二外语课程的开设比例和开设质量在学位点间存在差异。近四成（34.8%+3.8%=38.6%）的受访教师认为第二外语课程开设偏多或多；与此同时，逾 1/3（16.5%+20.3%=36.8%）的受访教师认为，该类课程所占比例偏少或少。由此可见，第二外语类课程在不同学位点间的开设情况差异较大。逾 1/4（8.0%+18.6%=26.6%）的受访教师对第二外语课程的开设质量表示非常不满意或比较不满意，超过两成（3.8%+16.9%=20.7%）的受访教师对第二外语课程的开设质量表示非常满意或比较满意，超过半数（52.5%）的教师不置可否（表 4-29 和表 4-30）。由此可见，第二外语课程的开设质量在不同学位点间存在差异。

表 4-29 受访教师对第二外语课程所占比例的评价

选项	人数/人	百分比/%
没有	4	0.7
少	117	20.3
偏少	95	16.5

续表

选项	人数/人	百分比/%
适中	137	23.8
偏多	200	34.8
多	22	3.8
合计	575	100.0

表 4-30　受访教师对第二外语课程的满意度

选项	人数/人	百分比/%
非常不满意	46	8.0
比较不满意	107	18.6
中立	302	52.5
比较满意	97	16.9
非常满意	22	3.8
缺失	1	0.2
合计	575	100.0

（十）跨学科课程开设比例较小，质量在学位点间存在差异

大多数教师认为跨学科课程开设比例较小，开设质量在学位点间存在差异。超过半数（37.4%+15.1%=52.5%）的受访教师认为，跨学科课程所占比例偏少或少。超过两成（2.4%+19.8%=22.2%）的受访教师对跨学科课程的开设质量表示非常不满意或比较不满意，逾 1/3（6.8%+30.3%=37.1%）的受访教师对跨学科课程的开设质量表示非常满意或比较满意，超过四成（40.5%）的教师不置可否（表 4-31 和表 4-32）。由此可见，跨学科课程的开设质量在不同学位点间存在差异。

表 4-31　受访教师对跨学科课程所占比例的评价

选项	人数/人	百分比/%
没有	27	4.7
少	87	15.1
偏少	215	37.4
适中	234	40.7
偏多	11	1.9
多	1	0.2
合计	575	100.0

表 4-32　受访教师对跨学科课程的满意度

选项	人数/人	百分比/%
非常不满意	14	2.4
比较不满意	114	19.8
中立	233	40.5
比较满意	174	30.3
非常满意	39	6.8
缺失	1	0.2
合计	575	100.0

（十一）实践类课程开设比例较大，质量在学位点间存在差异

大多数教师认为实践类课程的开设比例偏多，开设质量在学位点间存在差异。14.1%（12.7%+1.4%=14.1%）的受访教师认为，实践类课程所占比例偏少或少；近一半（1.3%+44.3%=45.6%）的教师认为该类课程比例多或偏多。超过两成（2.3%+18.6%=20.9%）的受访教师对实践类课程的开设质量表示非常不满意或比较不满意，近四成（5.9%+33.9%=39.8%）的受访教师对实践类课程的开设质量表示非常满意或比较满意，近四成（39.0%）

的教师不置可否（表 4-33 和表 4-34）。由此可见，实践类课程的开设质量在不同学位点间存在差异。

表 4-33　受访教师对实践类课程所占比例的评价

选项	人数/人	百分比/%
没有	1	0.2
少	8	1.4
偏少	73	12.7
适中	230	40.0
偏多	255	44.3
多	8	1.4
合计	575	100.0

表 4-34　受访教师对实践类课程的满意度

选项	人数/人	百分比/%
非常不满意	13	2.3
比较不满意	107	18.6
中立	224	39.0
比较满意	195	33.9
非常满意	34	5.9
缺失	2	0.3
合计	575	100.0

（十二）在线课程开设比例适中，质量在学位点间存在差异

大多数教师认为在线课程开设比例适中，开设质量在学位点间存在差异。超过三成（19.7%+12.5%=32.2%）的受访教师认为在线课程所占比例偏少或少，0.9%的受访教师所在学位点尚未开设此类课程；41.4%的受访

教师认为该类型课程比例适中。近三成（4.3%+24.2%=28.5%）的受访教师对在线课程的开设质量表示非常不满意或比较不满意，超过两成（4.3%+17.4%=21.7%）的受访教师对在线课程的开设质量表示非常满意或比较满意，近五成（49.6%）的受访教师不置可否（表 4-35 和表 4-36）。由此可见，在线课程的开设质量在不同学位点间存在差异。

表 4-35　受访教师对在线课程所占比例的评价

选项	人数/人	百分比/%
没有	5	0.9
少	72	12.5
偏少	113	19.7
适中	238	41.4
偏多	143	24.9
多	4	0.7
合计	575	100.0

表 4-36　受访教师对在线课程的满意度

选项	人数/人	百分比/%
非常不满意	25	4.3
比较不满意	139	24.2
中立	285	49.6
比较满意	100	17.4
非常满意	25	4.3
缺失	1	0.2
合计	575	100.0

（十三）模块化课程开设比例较大，质量在学位点间存在差异

大多数教师认为模块化课程的开设比例较大，开设质量在学位点间存

在差异。16.6%（11.7%+4.9%=16.6%）的受访教师认为，模块化课程所占比例偏少或少，认为模块化课程偏多或多的教师占一半以上（50.8%+3.4%=54.2%）。超过两成（3.3%+17.0%=20.3%）的受访教师对模块化课程的开设质量表示非常不满意或比较不满意，超过1/3（6.4%+28.9%=35.3%）的受访教师对模块化课程的开设质量表示非常满意或比较满意，超过四成（44.2%）的教师不置可否（表4-37和表4-38）。由此可见，模块化课程的开设质量在不同学位点间存在差异。

表4-37　受访教师对模块化课程所占比例的评价

选项	人数/人	百分比/%
没有	2	0.3
少	28	4.9
偏少	67	11.7
适中	166	28.9
偏多	292	50.8
多	20	3.4
合计	575	100.0

表4-38　受访教师对模块化课程的满意度

选项	人数/人	百分比/%
非常不满意	19	3.3
比较不满意	98	17.0
中立	254	44.2
比较满意	166	28.9
非常满意	37	6.4
缺失	1	0.2
合计	575	100.0

（十四）合作开发类课程开设比例适中，质量在学位点间存在差异

大多数教师认为合作开发类课程的开设比例适当，开设质量在学位点间存在差异。约 1/4（16.5%+8.0%=24.5%）的受访教师认为合作开发类课程所占比例偏少或少；38.8%的受访教师认为该类型课程比例适中；超过 1/3（2.3%+ 34.3%=36.6%）的教师认为该类型课程比例多或偏多。逾 1/4（5.6%+ 21.6%=27.2%）的受访教师对合作开发类课程的开设质量表示非常不满意或比较不满意，超过 1/4（21.0%+5.9%=26.9%）的受访教师对合作开发类课程的开设质量表示非常满意或比较满意，超过四成（45.7%）的教师不置可否（表 4-39 和表 4-40）。由此可见，合作开发类课程的开设质量在不同学位点间存在差异。

表 4-39　受访教师对合作开发类课程所占比例的评价

选项	人数/人	百分比/%
没有	1	0.2
少	46	8.0
偏少	95	16.5
适中	223	38.8
偏多	197	34.3
多	13	2.3
合计	575	100.1

表 4-40　受访教师对合作开发类课程的满意度

选项	人数/人	百分比/%
非常不满意	32	5.6
比较不满意	124	21.6
中立	263	45.7
比较满意	121	21.0

续表

选项	人数/人	百分比/%
非常满意	34	5.9
缺失	1	0.2
合计	575	100.0

（十五）微课程开设比例适中，开设质量在学位点间存在差异

大多数教师认为微课程开设比例适当，开设质量在学位点间存在差异。超过 1/3（20.0%+15.3%=35.3%）的受访教师认为微课程开设偏少或少；近 1/4（23.8%+0.9%=24.7%）的受访教师认为该类课程所占比例偏多或多；38.3%的受访教师认为比例适中。由此可见，微课程在不同学位点间的开设情况差异较大。超过三成（5.9%+24.3%=30.2%）的受访教师对微课程的开设质量表示非常不满意或比较不满意，超过两成（4.2%+16.7%=20.9%）的受访教师对微课程的开设质量表示非常满意或比较满意，近五成（46.8%）的教师不置可否（表 4-41 和表 4-42）。由此可见，微课程的开设质量在不同学位点间存在差异。

表 4-41　受访教师对微课程开设比例的评价

选项	人数/人	百分比/%
没有	8	1.4
少	88	15.3
偏少	115	20.0
适中	220	38.3
偏多	137	23.8
多	5	0.9
缺失	2	0.3
合计	575	100.0

表 4-42　受访教师对微课程开设质量的满意度

选项	人数/人	百分比/%
非常不满意	34	5.9
比较不满意	140	24.3
中立	269	46.8
比较满意	96	16.7
非常满意	24	4.2
缺失	12	2.1
合计	575	100.0

五、教学方式以课堂讲授、专题研讨、案例教学和小组合作学习为主，现场教学较少

（一）近七成教师多采用课堂讲授法

近七成（66.4%+1.7%=68.1%）的受访教师在教学中经常或总是采用课堂讲授的方式，见表 4-43。

表 4-43　受访教师在教学中采用课堂讲授的频率

选项	人数/人	百分比/%
从未	4	0.7
偶尔	17	3.0
有时	162	28.2
经常	382	66.4
总是	10	1.7
合计	575	100.0

（二）约七成教师多采用专题研讨法

约七成（63.5%+6.6%=70.1%）的受访教师在教学中经常或总是采用

专题研讨的方式，其他情况见表 4-44。

表 4-44　受访教师在教学中采用专题研讨的频率

选项	人数/人	百分比/%
从未	1	0.2
偶尔	14	2.4
有时	157	27.3
经常	365	63.5
总是	38	6.6
合计	575	100.0

（三）超过六成教师多采用案例教学法

超过六成（56.5%+4.2%=60.7%）的受访教师在教学中经常或总是采用案例教学的方式，其他情况见表 4-45。

表 4-45　受访教师在教学中采用案例教学法的频率

选项	人数/人	百分比/%
从未	5	0.9
偶尔	30	5.2
有时	191	33.2
经常	325	56.5
总是	24	4.2
合计	575	100.0

（四）约两成教师多采用现场教学法

超过两成（2.4%+18.4%=20.8%）的受访教师则总是或经常采用现场教学法，其超过一成（11.1%）的受访教师在教学中从未采用现场教学法，他情况见表 4-46。

表 4-46　受访教师在教学中采用现场教学法的频率

选项	人数/人	百分比/%
从未	64	11.1
偶尔	148	25.7
有时	243	42.3
经常	106	18.4
总是	14	2.4
合计	575	100.0

（五）超半数教师多采用小组合作学习的方法

超过半数（50.4%+6.3%=56.7%）的受访教师在教学中经常或总是采用小组合作学习的方式，其他情况见表 4-47。

表 4-47　受访教师在教学中采用小组合作学习的频率

选项	人数/人	百分比/%
从未	6	1.0
偶尔	39	6.8
有时	204	35.5
经常	290	50.4
总是	36	6.3
合计	575	100.0

六、考核方式多为课程论文、调研报告、作品呈现，闭卷和开卷考试较少

（一）大多数教师较少采用闭卷考试的考核方式

超过四成（41.6%）的受访教师在课程考核中从未采用闭卷考试的考

核方式，其他情况见表 4-48。

表 4-48　受访教师在课程考核中采用闭卷考试的考核方式的频率

选项	人数/人	百分比/%
从未	239	41.6
偶尔	136	23.7
有时	126	21.9
经常	62	10.8
总是	11	1.9
缺失	1	0.2
合计	575	100.0

（二）大多数教师较少采用开卷考试的考核方式

逾 1/4（27.3%）的受访教师在课程考核中从未采用开卷考试的考核方式，逾 1/4（21.0%+4.2%=25.2%）的受访教师则经常或总是采用开卷考试，其他情况见表 4-49。

表 4-49　受访教师在课程考核中采用开卷考试的考核方式的频率

选项	人数/人	百分比/%
从未	157	27.3
偶尔	120	20.9
有时	152	26.4
经常	121	21.0
总是	24	4.2
缺失	1	0.2
合计	575	100.0

（三）大多数教师较多采用课程论文的考核方式

超过八成（63.0%+20.2%=83.2%）的受访教师在课程考核中经常或总是采用课程论文的考核方式，其他情况见表 4-50。

表 4-50 受访教师在课程考核中采用课程论文的考核方式的频率

选项	人数/人	百分比/%
从未	8	1.4
偶尔	11	1.9
有时	78	13.6
经常	362	63.0
总是	116	20.2
合计	575	100.0

（四）大多数教师较多采用调研报告的考核方式

近半数（43.3%+6.3%=49.6%）的受访教师在课程考核中经常或总是采用调研报告的考核方式，其他情况见表 4-51。

表 4-51 受访教师在课程考核中采用调研报告的考核方式的频率

选项	人数/人	百分比/%
从未	57	9.9
偶尔	57	9.9
有时	176	30.6
经常	249	43.3
总是	36	6.3
合计	575	100.0

（五）大多数教师多采用作品呈现的考核方式

近半数（40.7%+8.9%=49.6%）的受访教师在课程考核中经常或总是

采用作品呈现的考核方式，其他情况见表4-52。

表4-52　受访教师在课程考核中采用作品呈现的考核方式的频率

选项	人数/人	百分比/%
从未	77	13.4
偶尔	78	13.6
有时	135	23.5
经常	234	40.7
总是	51	8.9
合计	575	100.0

七、不同类型教材的使用情况不一

（一）教材使用总体在职称上无显著差异，教授使用外文教材的比例高于讲师

在教材使用方面，不同职称教师在使用自编教材、国内统编教材以及教材更新的比例方面均无显著差异。仅在使用外文资料的比例上，教授显著高于讲师（差异的显著性水平 $p<0.05$）。

（二）大多数教师使用自编教材或讲义的比例较大

逾半数教师较多使用自编教材或讲义。过半数（27.1%+28.9%=56.0%）的受访教师在教学中使用自编教材或讲义的比例较大或很大，逾一成（9.6%+3.7%=13.3%）的受访教师在教学中使用自编教材或讲义的比例较小或很小，2.6%的受访教师在教学中从未使用自编教材或讲义（表4-53）。

表4-53　受访教师在教学中使用自编教材或讲义的比例

选项	人数/人	百分比/%	累积百分比/%
很大	166	28.9	28.9
较大	156	27.1	56.0

续表

选项	人数/人	百分比/%	累积百分比/%
适中	162	28.2	84.2
较小	55	9.6	93.8
很小	21	3.7	97.5
没有	15	2.6	100.0
合计	575	100.0	

（三）大多数教师使用国内统编教材的比例适中

使用国内统编教材的教师比例中等且个体间的差异较大。不到两成（14.6%+3.5%=18.1%）的受访教师在教学中使用国内统编教材的比例较大或很大，近 1/3（22.1%+10.8%=32.9%）的受访教师在教学中使用国内统编教材的比例较小或很小，超过一成（10.1%）的受访教师在教学中没有使用国内统编教材（表 4-54）。

表 4-54 受访教师在教学中使用国内统编教材的比例

选项	人数/人	百分比/%	累积百分比/%
很大	20	3.5	3.5
较大	84	14.6	18.1
适中	224	39.0	57.1
较小	127	22.1	79.2
很小	62	10.8	90.0
没有	58	10.1	100.0
合计	575	100.0	

（四）大多数教师使用国外教材的比例适中

使用国外教材的教师比例适中，且个体之间的差异较大。不到 1/4（15.7%+6.4%=22.1%）的受访教师在教学中使用国外教材的比例较大或很大，超过 1/3（23.8%+10.4%=34.2%）的受访教师在教学中使用国外教材的比例较小或很小，7.5%的受访教师在教学中没有使用国外教材（表 4-55）。

表 4-55 受访教师在教学中使用国外教材的比例

选项	人数/人	百分比/%	累积百分比/%
很大	37	6.4	6.4
较大	90	15.7	22.1
适中	208	36.2	58.3
较小	137	23.8	82.1
很小	60	10.4	92.5
没有	43	7.5	100.0
合计	575	100.0	

（五）大多数教师使用外文资料的比例适中

使用外文资料的教师比例适中，且个体之间的差异较大。逾三成（19.3%+12.2%=31.5%）的受访教师在教学中使用外文资料的比例较大或很大，40.5%的受访教师使用外文资料的比例适中，超过 1/4（19.8%+7.0%=26.8%）的受访教师在教学中使用外文资料的比例较小或很小，只有 7 名教师在教学中没有使用外文资料（表 4-56）。

表 4-56 受访教师在教学中使用外文资料的比例

选项	人数/人	百分比/%	累积百分比/%
很大	70	12.2	12.2
较大	111	19.3	31.5
适中	233	40.5	72.0
较小	114	19.8	91.8
很小	40	7.0	98.8
没有	7	1.2	100.0
合计	575	100.0	

（六）大多数教师的教学内容更新程度处于中上等水平

大多数教师的教学内容更新程度处于中上等水平。近六成（43.5%+12.0%=55.5%）的受访教师每学年对教学内容的更新程度较大或很大，且有超过四成（42.6%）的受访教师认为教学内容更新程度适中（表 4-57）。

表 4-57　受访教师每学年对教学内容的更新情况

选项	人数/人	百分比/%	累积百分比/%
很大	69	12.0	12.0
较大	250	43.5	55.5
适中	245	42.6	98.1
较小	8	1.4	99.5
很小	2	0.3	99.8
没有	1	0.2	100.0
合计	575	100.0	

八、课程教学管理整体处于中上水平，课程审查和课程督导水平较高，课程评价结果运用水平较低

受访教师对学校研究生课程教学管理工作的整体评价处于中等偏上水平（5 点量表，得分为 3.71）。评价基于三个方面：课程审查和课程督导（3.79）、课程评价结果的运用（3.56），以及课程保障条件（3.78）。其中，学校对课程评价结果的运用得到的受访教师认可程度最低（表 4-58）。

表 4-58　受访教师对学校课程教学管理的评价

维度 （得分均值）	题目	得分
课程审查和课程督导 （3.79）	1. 定期审查已开设课程	3.75
	2. 教学督导评价机制完善	3.80
	3. 严格审查新开设课程	3.81
	4. 定期实施教学督导	3.83
	5. 定期审查教师的课程教学大纲和教案	3.70
	6. 课程审查制度健全	3.84
	7. 定期审查任课教师资格	3.76
	8. 定期开展课程筛选与清理	3.70
	9. 定期组织研究生评教	3.92
课程评价结果的运用 （3.56）	1. 课程建设和教学工作在教师薪酬结构中占有适当比例	3.35
	2. 注重通过评价发现优秀教学典型并进行经验推广	3.56
	3. 有计划地开展教学经验交流与培训活动	3.55
	4. 教学督导和评价结果被纳入教师的考评内容	3.60
	5. 教学督导和评价结果及时向教师和相关部门反馈	3.65
	6. 重视对研究生课程建设和教学改革项目的资助	3.65
课程保障条件 （3.78）	1. 教师享有参与课程改革决策的权利	3.85
	2. 教师享有教学自主权（如教学内容、教材选择等）	4.11
	3. 教学服务平台能够提供有效的信息和技术支持	3.67
	4. 图书馆资源能够满足课程教学需要	3.70
	5. 定期优化教学环境（光线、通风、教学设施等）	3.56

“课程审查和课程督导”包括 9 个题目：“定期审查已开设课程”，“教学督导评价机制完善”，“严格审查新开设课程”，“定期实施教学督导”，“定期审查教师的课程教学大纲和教案”，“课程审查制度健全”，

“定期审查任课教师资格”，“定期开展课程筛选与清理”，“定期组织研究生评教”。其中，培养单位定期组织研究生评教的工作最受教师认可，而对课程教学大纲和教案的审查以及对课程进行筛选和清理的工作受认可程度相对偏低，有待加强。

“课程评价结果的运用”包括6个题目：“课程建设和教学工作在教师薪酬结构中占有适当比例”，“注重通过评价发现优秀教学典型并进行经验推广”，“有计划地开展教学经验交流与培训活动”，“教学督导和评价结果被纳入教师的考评内容”，“教学督导和评价结果及时向教师和相关部门反馈”，“重视对研究生课程建设和教学改革项目的资助”。这一维度的题目得分普遍偏低，教学评价结果对薪酬结构的影响最不受教师认可，有待改进。

“课程保障条件”包括5个题目：“教师享有参与课程改革决策的权利”，“教师享有教学自主权（如教学内容、教材选择等）”，“教学服务平台能够提供有效的信息和技术支持”，“图书馆资源能够满足课程教学需要”，“定期优化教学环境（光线、通风、教学设施等）”。其中，培养单位对教师教学自主权的保障得到了最高分，认可度最高，而学校对教学环境的维护和优化则得分偏低，有待改进。

第二节　研究生问卷调查结果

接受有效问卷调查的研究生总计有 2102 人，样本构成如下：①在性别上，男生有370人（17.6%），女生有1732人（82.4%）；②在层次上，硕士生有1874人（89.2%），博士生有228人（10.8%）；③在年级上，一年级研究生有893人（42.5%），二年级研究生有709人（33.7%），三年级研究生有 456 人（21.7%），四年级研究生有 16 人（0.8%），其他 28 人（1.3%）；④在专业背景上，本科为教育学专业研究生有 1009 人

（48.0%），跨专业考取研究生的有 1093 人（52.0%）；⑤在入学方式上，参加全国统考的研究生有 1402 人（66.7%），参加自主命题考试的研究生有 398 人（18.9%），免试入学的研究生有 297 人（14.1%），硕博连读的研究生有 3 人（0.1%），本科直博研究生有 2 人（0.1%）；⑥在 228 名博士生中，在入学方式上参加全国统考的博士研究生有 71 人（31.1%），参加自主命题考试的博士研究生有 137 人（60.1%），免试入学的博士研究生有 8 人（3.5%），硕博连读的研究生有 10 人（4.4%），本科直博研究生有 2 人（0.9%）；⑦在学位点类别上，博士点研究生有 803 人（38.2%），硕士点研究生有 1299 人（61.8%）。

一、课程数量适中，硕士、博士分别主要在第三、第一学期修满学分，其中六成以上学生对课程的满意度较高

（一）近七成的研究生认为课程数量适中

近七成（69.0%）的研究生认为当前所在学位点的硕士学位课程数量适中，近七成（69.7%）的博士生认为当前学位点的博士学位课程数量适中，其他情况详见表 4-59 和表 4-60。

表 4-59　受访研究生对当前学术型硕士学位课程数量的评价

选项	人数/人	百分比/%
多	86	4.1
偏多	272	12.9
适中	1450	69.0
偏少	256	12.2
很少	33	1.6
缺失	5	0.2
合计	2102	100.0

表 4-60　受访博士生对当前学术型博士学位课程数量的评价

选项	人数/人	百分比/%
多	15	6.6
偏多	23	10.1
适中	159	69.7
偏少	28	12.3
很少	2	0.9
缺失	1	0.4
合计	228	100.0

（二）大多数硕士、博士分别主要在第三和第一学期内修满学分

近九成（21.2%+66.4%=87.6%）的硕士生在第三学期结束时完成了 70%以上的课程学分，其中 66.4%的硕士生完成了 90%以上的课程学分；大约 3/4（20.2%+55.3%=75.5%）的博士生在第一学期结束时完成了 70%以上的课程学分，其中超过半数（55.3%）的博士生完成了 90%以上的课程学分。其他情况详见表 4-61。

表 4-61　受访研究生完成课程学分的进展情况　　单位：%

节点（研究生数）	1	2	3	4	5
第一学期结束（硕士生 779 人）	9.8	33.0	26.4	18.6	12.2
第三学期结束（硕士生 646 人）	0.6	4.6	7.1	21.2	66.4
第五学期结束（硕士生 428 人）	0.7	2.3	2.6	9.3	85.0
第一学期结束（博士生 114 人）	2.6	7.0	14.9	20.2	55.3
第三学期结束（博士生 63 人）	0	3.2	0	11.1	85.7
第五学期结束（博士生 28 人）	0	0	3.6	7.1	89.3

注：“1”表示完成课程学分<30%的学生占比；“2”表示完成课程学分 30%～50%的学生占比；“3”表示完成课程学分 50%～70%（不含 50%）的学生占比；“4”表示完成课程学分 70%～90%（不含 70%）的学生占比；“5”表示完成课程学分>90%的学生占比

（三）研究生对不同类型课程的满意度不同

1. 近七成研究生对理论性课程的满意度较高

笔者通过分析发现（表 4-62），近七成（16.3%+49.0%=65.3%）的受访研究生对理论性课程的开设质量表示非常满意或比较满意，仅有不足一成（5.3%+1.4%=6.7%）的受访研究生表示比较不满意或非常不满意。

表 4-62　受访研究生对理论性课程的满意度

选项	人数/人	百分比/%
非常不满意	30	1.4
比较不满意	111	5.3
中立	583	27.7
比较满意	1030	49.0
非常满意	343	16.3
缺失	5	0.2
合计	2102	100.0

2. 逾六成研究生对研究方法类课程的满意度较高

逾六成（15.3%+45.5%=60.8%）的受访研究生对研究方法类课程的开设质量表示非常满意或比较满意，仅有超过一成（2.0%+10.2%=12.2%）的受访研究生表示比较不满意或非常不满意（表 4-63）。

表 4-63　受访研究生对研究方法类课程的满意度

选项	人数/人	百分比/%
非常不满意	41	2.0
比较不满意	214	10.2
中立	566	26.9
比较满意	956	45.5
非常满意	321	15.3
缺失	4	0.2
合计	2102	100.0

3. 近六成研究生对研讨类课程的满意度较高

近六成（14.3%+42.5%=56.8%）的受访研究生对研讨类课程的开设质量表示非常满意或比较满意，仅有超过一成（9.1%+2.3%=11.4%）的受访研究生表示比较不满意或非常不满意（表 4-64）。

表 4-64 受访研究生对研讨类课程的满意度

选项	人数/人	百分比/%
非常不满意	48	2.3
比较不满意	191	9.1
中立	662	31.5
比较满意	893	42.5
非常满意	301	14.3
缺失	7	0.3
合计	2102	100.0

4. 逾六成研究生对专题类课程的满意度较高

逾六成（15.6%+46.6%=62.2%）的受访研究生对专题类课程的开设质量表示非常满意或比较满意，不足一成（7.8%+2.1%=9.9%）的受访研究生表示比较不满意或非常不满意（表 4-65）。

表 4-65 受访研究生对专题类课程的满意度

选项	人数/人	百分比/%
非常不满意	45	2.1
比较不满意	163	7.8
中立	579	27.5
比较满意	979	46.6
非常满意	328	15.6
缺失	8	0.4
合计	2102	100.0

5. 近半数研究生对前沿性课程的满意度较高

近半数（12.5%+36.3%=48.8%）的受访研究生对前沿性课程的开设质量表示非常满意或比较满意，近两成（12.7%+4.6%=17.3%）的受访研究生表示比较不满意或非常不满意（表 4-66）。

表 4-66　受访研究生对前沿性课程的满意度

选项	人数/人	百分比/%
非常不满意	97	4.6
比较不满意	267	12.7
中立	696	33.1
比较满意	762	36.3
非常满意	263	12.5
缺失	17	0.8
合计	2102	100.0

6. 近八成研究生对全英文课程不置可否或满意

近四成（9.4%+29.0%=38.4%）的受访研究生对全英文课程的开设质量表示非常满意或比较满意，约四成（40.5%）的研究生不置可否，近两成（12.6%+7.2%=19.8%）的受访研究生表示比较不满意或非常不满意（表 4-67）。

表 4-67　受访研究生对全英文课程的满意度

选项	人数/人	百分比/%
非常不满意	151	7.2
比较不满意	264	12.6
中立	852	40.5
比较满意	610	29.0
非常满意	197	9.4
缺失	28	1.3
合计	2102	100.0

7. 约八成研究生对专业外语、公共外语、第二外语课程不置可否或满意

约 1/3（8.5%+27.9%=36.4%）的受访研究生对专业外语课程的开设质量表示非常满意或比较满意，超过四成的研究生对此不置可否，近两成（11.9%+6.8%=18.7%）的受访研究生表示比较不满意或非常不满意（表 4-68）。

表 4-68　受访研究生对专业外语课程的满意度

选项	人数/人	百分比/%
非常不满意	142	6.8
比较不满意	251	11.9
中立	914	43.5
比较满意	587	27.9
非常满意	178	8.5
缺失	30	1.4
合计	2102	100.0

超过半数（11.2%+41.5%=52.7%）的受访研究生对公共外语课程的开设质量表示非常满意或比较满意，约 1/3（34.3%）的研究生对此不置可否，仅有超过一成（8.5%+3.7%=12.2%）的研究生表示比较不满意或非常不满意（表 4-69）。

表 4-69　受访研究生对公共外语课程的满意度

选项	人数/人	百分比/%
非常不满意	78	3.7
比较不满意	178	8.5
中立	720	34.3
比较满意	873	41.5

续表

选项	人数/人	百分比/%
非常满意	236	11.2
缺失	17	0.8
合计	2102	100.0

不足三成（7.4%+21.7%=29.1%）的受访研究生对第二外语课程的开设质量表示非常满意或比较满意，近半数（49.8%）的研究生对此不置可否，近两成（10.7%+9.1%=19.8%）的研究生对此表示比较不满意或非常不满意（表 4-70）。

表 4-70　受访研究生对第二外语课程的满意度

选项	人数/人	百分比
非常不满意	191	9.1
比较不满意	224	10.7
中立	1047	49.8
比较满意	457	21.7
非常满意	155	7.4
缺失	28	1.3
合计	2102	100.0

8. 超八成研究生对跨学科课程不置可否或满意

超过四成（10.2%+32.4%=42.6%）的受访研究生对跨学科课程的开设质量表示非常满意或比较满意，超过四成（40.5%）的研究生对此不置可否，16.2%的研究生表示比较不满意或非常不满意（表 4-71）。

表 4-71　受访研究生对跨学科课程的满意度

选项	人数/人	百分比/%
非常不满意	135	6.4
比较不满意	205	9.8
中立	851	40.5
比较满意	680	32.4
非常满意	214	10.2
缺失	17	0.8
合计	2102	100.0

9. 超八成研究生对实践类课程不置可否或满意

近半数（35.3%+11.7%=47.0%）的受访研究生对实践类课程的开设质量表示非常满意或比较满意，约 1/3（34.6%）的研究生对此不置可否，17.4%的研究生表示比较不满意或非常不满意（表 4-72）。

表 4-72　受访研究生对实践类课程的满意度

选项	人数/人	百分比/%
非常不满意	125	5.9
比较不满意	241	11.5
中立	728	34.6
比较满意	741	35.3
非常满意	245	11.7
缺失	22	1.0
合计	2102	100.0

10. 约八成研究生对在线课程、模块化课程、合作开发课程不置可否或满意

约三成（7.8%+22.3%=30.1%）的受访研究生对在线课程的开设质量表示非常满意或比较满意，近半数（49.1%）的研究生对此不置可否，

近两成（12.2%+7.1%=19.3%）的研究生表示比较不满意或非常不满意（表 4-73）。

表 4-73　受访研究生对在线课程的满意度

选项	人数/人	百分比/%
非常不满意	150	7.1
比较不满意	257	12.2
中立	1033	49.1
比较满意	469	22.3
非常满意	165	7.8
缺失	28	1.3
合计	2102	100.0

近四成（10.0%+27.6%=37.6%）的受访研究生对模块化课程的开设质量表示非常满意或比较满意，近半数（45.3%）的研究生对此不置可否，15.9%的研究生表示比较不满意或非常不满意（表 4-74）。

表 4-74　受访研究生对模块化课程的满意度

选项	人数/人	百分比/%
非常不满意	127	6.0
比较不满意	209	9.9
中立	952	45.3
比较满意	580	27.6
非常满意	210	10.0
缺失	24	1.1
合计	2102	100.0

超过 1/3（9.5%+25.5%=35.0%）的受访研究生对合作开发课程的开设质量表示非常满意或比较满意，近半数（46.2%）的研究生对此不置可否，17.5%的研究生表示比较不满意或非常不满意（表 4-75）。

表 4-75　受访研究生对合作开发课程的满意度

选项	人数/人	百分比/%
非常不满意	138	6.6
比较不满意	230	10.9
中立	971	46.2
比较满意	537	25.5
非常满意	199	9.5
缺失	27	1.3
合计	2102	100.0

11. 近八成研究生对微课程不置可否或满意

近三成（8.2%+20.8%=29.0%）的受访研究生对微课程的开设质量表示非常满意或比较满意，近半数（49.5%）的研究生对此不置可否，两成（11.9%+8.1%=20.0%）的研究生表示比较不满意或非常不满意（表 4-76）。

表 4-76　受访研究生对微课程的满意度

选项	人数/人	百分比/%
非常不满意	171	8.1
比较不满意	251	11.9
中立	1041	49.5
比较满意	438	20.8
非常满意	173	8.2
缺失	28	1.3
合计	2102	100.0

二、课堂讲授、专题研讨、小组合作学习的教学方式较多，案例教学和现场教学较少

（一）逾八成研究生反映教师常采用课堂讲授法

逾八成（65.4%+17.9%=83.3%）的受访研究生反映教师在教学中经常或总是采用课堂讲授的方式，其他情况详见表 4-77。

表 4-77　受访研究生对教师采用课堂讲授的评价

选项	人数/人	百分比/%
从未	3	0.1
偶尔	54	2.6
有时	291	13.8
经常	1375	65.4
总是	377	17.9
缺失	2	0.1
合计	2102	100.0

（二）近六成研究生反映教师常采用专题研讨法

近六成（51.5%+6.9% = 58.4%）的受访研究生反映教师在教学中经常或总是采用专题研讨法，近 1/3（32.4%）的研究生认为教师只是有时采用专题研讨法，其他情况详见表 4-78。

表 4-78　受访研究生对教师采用专题研讨法的评价

选项	人数/人	百分比/%
从未	28	1.3
偶尔	163	7.8
有时	680	32.4

续表

选项	人数/人	百分比/%
经常	1083	51.5
总是	146	6.9
缺失	2	0.1
合计	2102	100.0

（三）超四成研究生反映教师常采用案例教学法

超四成（38.5%+5.1% = 43.6%）的受访研究生反映教师在教学中经常或总是采用案例教学法，近四成（38.9%）的研究生认为教师只是有时采用案例教学法，其他情况详见表 4-79。

表 4-79 受访研究生对教师采用案例教学法的评价

选项	人数/人	百分比/%
从未	82	3.9
偶尔	283	13.5
有时	817	38.9
经常	810	38.5
总是	108	5.1
缺失	2	0.1
合计	2102	100.0

（四）逾四成研究生认为教师多采用现场教学法

逾四成（33.0%+7.9%=40.9%）的受访研究生反映教师在教学中经常或总是采用现场教学法，近五成（27.2%+18.5%=45.7%）的研究生认为教师只是有时或偶尔采用现场教学法，其他情况详见表 4-80。

表 4-80　受访研究生对教师采用现场教学法的评价

选项	人数/人	百分比/%
从未	279	13.3
偶尔	388	18.5
有时	572	27.2
经常	694	33.0
总是	167	7.9
缺失	2	0.1
合计	2102	100.0

（五）逾六成研究生认为教师多采用小组合作学习法

逾六成（50.7%+10.2% = 60.9%）的受访研究生反映教师在教学中经常或总是采用小组合作学习法，近四成（28.7%+8.4%=37.1%）的研究生认为教师只是有时或偶尔采用小组合作学习法，其他情况详见表 4-81。

表 4-81　受访研究生对教师采用小组合作学习法的评价

选项	人数/人	百分比/%
从未	41	2.0
偶尔	176	8.4
有时	604	28.7
经常	1065	50.7
总是	214	10.2
缺失	2	0.1
合计	2102	100.0

三、课程论文的考核方式多，闭卷考试、开卷考试、调研报告和作品呈现的方式较少

（一）逾七成研究生反映教师较少采用闭卷考试的考核方式

逾七成（12.3%+26.7%+33.3%=72.3%）的研究生反映教师从未、偶尔或有时采用闭卷考试的考核方式，约两成的受访研究生反映教师在教学中经常采用闭卷考试的考核方式，具体情况详见表 4-82。

表 4-82　受访研究生对教师采用闭卷考试的考核方式的评价

选项	人数/人	百分比/%
从未	258	12.3
偶尔	561	26.7
有时	700	33.3
经常	444	21.1
总是	136	6.5
缺失	3	0.1
合计	2102	100.0

（二）逾八成研究生反映教师较少采用开卷考试的考核方式

逾八成（23.9%+24.3%+33.3%=81.5%）的研究生反映教师从未、偶尔或有时采用开卷考试的考核方式，约 1/4（23.9%）的受访研究生反映教师在教学中从未采用开卷考试的考核方式，不足两成的研究生反映教师经常或总是采用闭卷考试的考核方式，具体情况见表 4-83。

表 4-83　受访研究生对教师采用开卷考试的考核方式的评价

选项	人数/人	百分比/%
从未	503	23.9
偶尔	511	24.3

续表

选项	人数/人	百分比/%
有时	699	33.3
经常	338	16.1
总是	48	2.3
缺失	3	0.1
合计	2102	100.0

（三）近九成研究生反映教师多采用课程论文的考核方式

近六成（59.4%）的受访研究生反映教师经常采用课程论文的考核方式，近三成（27.7%）的研究生反映教师总是采用课程论文的考核方式，其他情况见表 4-84。

表 4-84　受访研究生对教师采用课程论文的考核方式的评价

选项	人数/人	百分比/%
从未	6	0.3
偶尔	35	1.7
有时	228	10.8
经常	1248	59.4
总是	583	27.7
缺失	2	0.1
合计	2102	100.0

（四）逾半数研究生认为教师较少采用调研报告的考核方式

逾半数（9.8%+13.7%+31.5%=55.0%）的受访研究生反映教师从未、偶尔或有时采用调研报告的考核方式，有 36.1%的受访研究生认为教师经常采用调研报告的考核方式，其他情况见表 4-85。

表 4-85　受访研究生对教师采用调研报告的考核方式的评价

选项	人数/人	百分比/%
从未	207	9.8
偶尔	289	13.7
有时	662	31.5
经常	759	36.1
总是	183	8.7
缺失	2	0.1
合计	2102	99.9

（五）逾半数研究生反映教师较少采用作品呈现的考核方式

逾半数（11.0%+15.0%+28.2%=54.2%）的受访研究生反映教师从未、有时或偶尔采用作品呈现的考核方式，35.3%的受访研究生认为教师经常采用作品呈现的考核方式，其他情况见表 4-86。

表 4-86　受访研究生对教师采用作品呈现的考核方式的评价

选项	人数/人	百分比/%
从未	232	11.0
偶尔	316	15.0
有时	592	28.2
经常	742	35.3
总是	218	10.4
缺失	2	0.1
合计	2102	100.0

四、多数研究生本学年阅读不同类型书目在 5 本以上，完成读书报告等 5 篇以上的比例较大

（一）多数研究生本学年阅读指定课程书目在 5 本以上，阅读不足 5 本的约三成

对研究生本学年阅读指定课程书目情况进行统计分析发现，阅读指定课程书目不足 5 本的研究生约占三成（27.2%+3.0%=30.2%），阅读 5～10 本的研究生约占四成（42.4%），阅读超过 10 本的研究生约占近三成（15.6%+11.5%=27.1%）（表 4-87）。

表 4-87　本学年受访研究生阅读指定课程书目的数量

选项	人数/人	百分比/%
没有	64	3.0
<5 本	572	27.2
5～10 本	892	42.4
11～20 本	328	15.6
>20 本	242	11.5
缺失	3	0.1
合计	2102	100.0

（二）近六成研究生本学年阅读非指定的本专业书目在 5 本以上，阅读不足 5 本的逾四成

对研究生本学年阅读非指定的本专业书目情况进行统计分析，发现超过四成（41.6%+3.0%=44.6%）的受访研究生阅读非指定本专业书目不足 5 本，阅读 5～10 本的研究生占比约三成（32.8%），阅读超过 10 本的研究生不足 1/4（14.1%+8.3%=22.4%）（表 4-88）。

表 4-88 本学年受访研究生阅读非指定本专业书目的数量

选项	人数/人	百分比/%
没有	63	3.0
<5 本	875	41.6
5～10 本	690	32.8
11～20 本	296	14.1
>20 本	175	8.3
缺失	3	0.1
合计	2102	100.0

（三）逾半数研究生本学年阅读非指定的相关书目在 5 本以上，阅读不足 5 本的占 47.4%

对研究生本学年阅读非指定相关书目的情况进行分析，发现近半数（43.4%+4.0%=47.4%）的受访研究生阅读非指定的相关书目不足 5 本，阅读 5～10 本的研究生约占三成（30.8%），阅读超过 10 本的研究生逾两成（14.2%+7.4%=21.6%）（表 4-89）。

表 4-89 本学年受访研究生阅读非指定相关书目的数量

选项	人数/人	百分比/%
没有	84	4.0
<5 本	913	43.4
5～10 本	648	30.8
11～20 本	298	14.2
>20 本	156	7.4
缺失	3	0.1
合计	2102	100.0

（四）超过半数的研究生本学年完成书面论文或报告的数量在 5 篇以上，逾三成研究生完成不足 5 篇

对研究生本学年完成书面论文或报告数量的情况进行分析（表 4-90），发现约 1/3（32.5%+1.0%=33.5%）的受访研究生完成书面论文或报告少于 5 篇，完成 5～10 篇的研究生约占三成（34.7%），完成超过 10 篇的研究生约占三成（17.1%+14.5%=31.6%）。

表 4-90　本学年受访研究生完成书面论文或报告的数量

选项	人数/人	百分比/%
没有	22	1.0
<5 篇	683	32.5
5～10 篇	730	34.7
11～20 篇	360	17.1
>20 篇	304	14.5
缺失	3	0.1
合计	2102	100.0

五、大多数学生选修理论性、方法类、研讨类、专题类、前沿类课程，较少选修全英文、专业外语、跨学科、实践类、合作类等课程

教育学学术型研究生课程选修情况见表 4-91，不同类型课程的选修情况如下。

（一）大多数教育学学术型研究生选修了理论性、方法类、研讨类、专题类、前沿类课程

第一，近七成（69.7%）的受访研究生选修了 3 门及以上理论性课程，

近半数（49.2%）受访研究生选修了 4 门及以上该类课程。

第二，近半数（45.8%）的受访研究生选修了 1 门研究方法类课程，近 1/3（31.6%）的受访研究生选修了 2 门该类课程。

第三，近两成（19.8%）的受访研究生没有选修过研讨类课程，约 1/3（33.8%）的受访研究生选修了 1 门，逾 1/4（26.5%）的受访研究生选修了 2 门该类课程。

第四，约 1/3（32.7%）的受访研究生选修了 1 门专题类课程，近三成（28.8%）的受访研究生选修了 2 门该类课程。

第五，近三成（28.3%）的受访研究生没有选修过前沿性课程，超过四成（43.2%）的受访研究生选修了 1 门，不足两成（18.5%）受访研究生选修了 2 门该类课程。

（二）少数教育学学术型研究生选修了全英文、专业外语、跨学科、实践类、合作开发类等课程

第一，逾半数（54.8%）的受访研究生没有选修过全英文课程，逾三成（31.3%）的受访研究生选修过 1 门该类课程。

第二，逾六成（63.4%）的受访研究生没有选修过专业外语课程，近三成（29.5%）的受访研究生选修过 1 门该类课程。

第三，超过半数（56.1%）的受访研究生选修过 1 门公共外语课程，约 1/4（24.6%）的受访研究生选修过 2 门该类课程。

第四，少数研究生选修了第二外语课程。超过八成（85.7%）的受访研究生没有选修过第二外语课程；仅约一成（10.2%）的受访研究生选修过 1 门该类课程。

第五，少数研究生选修了跨学科课程。近半数（47.2%）的受访研究生没有选修过跨学科课程；逾三成（31.0%）的受访研究生选修过 1 门该类课程。

第六，少数研究生选修了实践类课程。逾四成（41.2%）的受访研究

生没有选修过实践类课程；近四成（38.3%）的受访研究生选修过 1 门该类课程。

第七，少数研究生选修了在线课程。近八成（78.7%）的受访研究生没有选修过在线课程；14.1%的受访研究生选修过 1 门该类课程。

第八，少数研究生选修了模块化课程。逾半数（53.9%）的受访研究生没有选修过模块化课程；逾两成（22.1%）的受访研究生选修过 1 门该类课程。

第九，少数研究生选修了合作开发课程。超过六成（64.1%）的受访研究生没有选修过合作开发课程；约两成（20.6%）的受访研究生选修过 1 门该类课程。

第十，少数研究生选修了微课程。逾八成（81.3%）的受访研究生没有选修微课程；逾一成（12.0%）的受访研究生选修过 1 门该类课程。

表 4-91 受访研究生入学以来选修不同类型课程的情况

单位：%

课程类型	0 门	1 门	2 门	3 门	4 门及以上
理论性课程	2.1	11.2	16.9	20.5	49.2
研究方法类课程	5.9	45.8	31.6	12.9	3.8
研讨类课程	19.8	33.8	26.5	11.1	8.8
专题类课程	11.5	32.7	28.8	15.6	11.5
前沿性课程	28.3	43.2	18.5	6.2	3.8
全英文课程	54.8	31.3	10.7	2.2	1.1
专业外语课程	63.4	29.5	5.3	1.2	0.6
公共外语课程	14.2	56.1	24.6	3.8	1.3
第二外语课程	85.7	10.2	3.0	0.7	0.3
跨学科课程	47.2	31.0	15.1	4.5	2.1
实践类课程	41.2	38.3	14.6	4.0	2.0

续表

课程类型	0门	1门	2门	3门	4门及以上
在线课程	78.7	14.1	4.4	1.9	1.0
模块化课程	53.9	22.1	13.9	5.8	4.3
合作开发课程	64.1	20.6	8.4	4.1	2.8
微课程	81.3	12.0	4.5	1.5	0.7

六、研究生的课程学习体验整体状况良好，对教师指导的评价较高，对课程参与的评价较低

对研究生课程学习体验状况的分析表明（表4-92），受访研究生对课程的整体评价中等偏上（5点量表，均值为3.79）。对问卷进行因素分析，评价基于4个维度：课程参与（3.59）、教师指导（3.90）、课程支持（3.85）、课程评价（3.84）。其中，研究生对课程参与的评价最低，对教师给予的课程指导的评价最高。

“课程参与”包含6个题目：“学校为跨学科、跨院（系）和跨校选课提供便利”，“教师鼓励研究生参与教学设计”，“教师根据研究生的学习反馈调整教学内容”，“学校定期组织研究生评教”，“评教结果能够发挥改进教学效果的作用”，“研究生对课程教学改革有发言权”。其中，研究生对课程教学改革的发言权评分最低。

“教师指导”包含5个题目：“导师或导师组帮助研究生制订课程学习计划”，“教师为研究生提供有针对性的课程学习咨询和指导”，“教师重视对经典文献进行导读”，“教师善于把自己的研究经验融入教学内容”，“教师重视对前沿研究进展的介绍”。其中，教师对研究生课程学习的指导，最受学生认可的是教师在课程教学中带入自己的研究经验。

“课程支持”包含6个题目：“图书馆资源能够满足课程学习的需要”，“学校营造优良的学习环境（如光线、通风、教学设施等）”，“数字化

课程中心提供有效的信息和技术支持”，“学校经常举办讲座、讲堂等学习支持主题活动”，“学校经常开展各类课程学习交流活动”，“学校提供丰富的海外学习机会与国际交流平台”。相对而言，研究生对学校经常组织讲座、讲堂等学习支持主题活动的感知度和认同度最高，而对海外学习机会和国际交流平台的体验感偏弱，说明培养单位在推进研究生培养国际化方面有待进一步加强。

“课程评价”包含 7 个题目：“教师采取多样化的课程考核方式”，“课程考核与课程内容密切相关”，“课程考核的成绩构成（平时成绩和论文成绩）比例合理”，“课程考核的最终分数能够如实反映学生的学业水平”，“课程考核有较大难度，需要全力以赴去完成”，“课程考核对课程学习具有督促作用”，“课程考核能够达到检验学习效果的目的”。其中，研究生对课程考核的难度的评价得分相对较低，可能的原因在于：教育学课程的考核方式多以论文为主，较少采用闭卷考试的方式，这与已有研究发现有一定的契合。

表 4-92　受访研究生的课程学习体验

维度	题目	得分
课程参与（3.59）	1. 学校为跨学科、跨院（系）和跨校选课提供便利	3.51
	2. 教师鼓励研究生参与教学设计	3.66
课程参与（3.59）	3. 教师根据研究生的学习反馈调整教学内容	3.72
	4. 学校定期组织研究生评教	3.64
	5. 评教结果能够发挥改进教学效果的作用	3.54
	6. 研究生对课程教学改革有发言权	3.44
教师指导（3.90）	1. 导师或导师组帮助研究生制订课程学习计划	3.78
	2. 教师为研究生提供有针对性的课程学习咨询和指导	3.81
	3. 教师重视对经典文献进行导读	3.91
	4. 教师善于把自己的研究经验融入教学内容	4.04
	5. 教师重视对前沿研究进展的介绍	3.96

续表

维度	题目	得分
课程支持（3.85）	1. 图书馆资源能够满足课程学习的需要	3.77
	2. 学校营造优良的学习环境（如光线、通风、教学设施等）	3.86
	3. 数字化课程中心提供有效的信息和技术支持	3.74
	4. 学校经常举办讲座、讲堂等学习支持主题活动	4.13
	5. 学校经常开展各类课程学习交流活动	3.90
	6. 学校提供丰富的海外学习机会与国际交流平台	3.68
课程评价（3.84）	1. 教师采取多样化的课程考核方式	3.80
	2. 课程考核与课程内容密切相关	3.94
	3. 课程考核的成绩构成（平时成绩和论文成绩）比例合理	3.96
	4. 课程考核的最终分数能够如实反映学生的学业水平	3.73
	5. 课程考核有较大难度，需要全力以赴去完成	3.70
	6. 课程考核对课程学习具有督促作用	3.89
	7. 课程考核能够达到检验学习效果的目的	3.83

七、研究生课程学习收获整体处于中上水平，学术道德规范方面的收获较大，专业基础知识方面的收获较小

本书对教育学学术型研究生课程学习收获状况进行分析发后现（表 4-93），教育学学术型研究生对课程学习收获的整体评价中等偏上（5 点量表，得分 3.82），对问卷进行因素分析，课程学习收获分为 4 个维度：通用性基本能力（得分 3.77）、专业性基本能力（得分 3.86）、学术性道德规范（得分 3.90）以及专业性基础知识（得分 3.71）。其中，“专业性基础知识”维度在四个方面的学习收获中整体得分最低，“学术性道德规范”得分最高。

“通用性基本能力”包含 9 方面的能力：人际沟通能力、组织领导能力、团队合作能力、自我认知能力、有效管理时间能力、理解和整合观念能力、独立解决问题能力、逻辑思维能力、分析数量性问题的能力。其中，

组织领导能力不仅在本维度得分最低，而且在整个学习收获的各项目中得分垫底。

“专业性基本能力”包含 6 方面的能力：独立研究能力、文献检索能力、学术鉴别能力、学术交流能力、知识获取能力、独立思考能力。

“学术性道德规范”包含 5 方面的内容：治学态度、学术诚信、专业认同、学术规范、科学精神。其中，“学术规范”不仅在本维度中得分最高，也是整个课程学习收获得分最高的项目。

“专业性基础知识”包含 3 方面的知识：相关学科知识、基础理论和专业知识、方法论知识。其中，方法论知识得分最低。

表 4-93　研究生的课程学习收获

维度	题目	得分
通用性基本能力（3.77）	1. 人际沟通能力	3.78
	2. 组织领导能力	3.58
	3. 团队合作能力	3.85
	4. 自我认知能力	3.86
	5. 有效管理时间能力	3.75
	6. 理解和整合观念能力	3.82
	7. 独立解决问题能力	3.88
	8. 逻辑思维能力	3.83
	9. 分析数量性问题的能力	3.62
专业性基本能力（3.86）	1. 独立研究能力	3.80
	2. 文献检索能力	3.90
	3. 学术鉴别能力	3.81
	4. 学术交流能力	3.82
	5. 知识获取能力	3.90
	6. 独立思考能力	3.91

续表

维度	题目	得分
学术性道德规范（3.90）	1. 治学态度	3.90
	2. 学术诚信	3.99
	3. 专业认同	3.87
	4. 学术规范	4.01
	5. 科学精神	3.74
专业性基础知识（3.71）	1. 相关学科知识	3.71
	2. 基础理论和专业知识	3.75
	3. 方法论知识	3.68

第三节　对问卷结果的讨论分析

研究生课程建设是一项十分复杂的系统工程，对全国绝大多数教育学学术型研究生学位点教师和研究生进行问卷调查，把握其对教育学学术型研究生课程建设现状的评价情况，以及对课程建设的需求和建议，可以为全面加强和改进教育学学术型研究生课程建设提供依据。综合对教师和研究生的调查结果，我们主要有如下发现。

一、课程功能定位不清

教育学学术型研究生课程功能定位不清，致使部分课程的研究生选修比例和开设质量相对较低，一定程度上造成了课程资源的浪费。研究生人才培养目标最终体现在课程目标上，课程目标又细化为具体的各类课程功能目标。当前，虽然我国各教育学学术型研究生学位点开设了理论性课程、方法类课程、研讨类课程、专题类课程等十分丰富的课程，但对具体课程类型的功能定位还不够清晰。一方面，教育学硕士和教育学博士、教育硕士和教育学硕士、教育博士和教育学博士两两之间的培养目标都存在较大的差异，但相比较而言，学校在不同类型和层次研究生的课程类型上并没有做明确的区分，人才培养目标差异在课程建设上的体现并不明显。另一方面，对于开设的每类课程到底要实现什么样的课程功能和培养目标的界定不清，重复开设课程和冗余课程类型较多。如专题类和前沿类课程之间，以及跨学科和合作类课程之间都可以打通，这样能够提高课程开设的精准度，但在实践中却有很多交叉的部分。受课程目标定位不清的影响，教育学学术型研究生自然对课程功能取向定位相似的课程选修较少，再加上受到研究生个人学习兴趣和动机等因素的影响，不同类型课程的开设质量存在较大差异。

二、课程结构有待优化

教育学学术型研究生课程结构有待优化，重复开设和冗余课程类型较多，课程结构的灵活性不够，课程结构与研究生人才培养目标的要求不一致。课程结构是指不同类型课程的开设比例及其关系，课程结构科学与否对相关专业人才培养目标的实现和研究生全面发展都有十分重要的影响，构建良好的课程结构是提高课程开设精准性和有效性的重要措施。科学合理的课程结构，能够以最少的课程类型和课程数量保证人才培养目标的实现，具体表现为所开设的课程类型少而精，在有限的课程类型下还能够实现专业培养目标，促进研究生的全面发展。然而，从当前我国教育学学术型研究生课程的结构来看，授课教师普遍反映研究生课程的灵活性较差，研究生对全英文课程、专业外语课程、跨学科课程、实践类课程等的选修比例较低，对专业类相关课程的选修比例较高，使得研究生课程体系呈现出单一化倾向。在这种情况下，我们进一步分析研究生的课程学习收获发现，尽管研究生较多选修专业类课程，但“专业基础知识”方面的收获较少。这都说明教育学学术型研究生课程的结构不尽合理，现有的一些课程类型难以引起研究生的学习兴趣，整个课程结构在促进研究生全面发展方面的作用也相对较弱。

三、主体参与程度较低

在教育学学术型研究生课程建设过程中，各主体参与建设的状况不理想、相关制度不健全，致使学校课程建设结果难以满足教师和研究生的诉求、教师教学效果和研究生学习状况不佳。研究生课程建设是一项涉及多方相关主体的复杂性工作，其中教师和研究生作为课程管理和服务的对象，理应是研究生课程建设的重要参与主体。然而，我们通过对授课教师和研究生对于课程建设状况看法的调研发现，教师认为学校课程审查和课程督导水平较高，但对课程评价结果的运用水平较低；研究生对教师指导的评价较高，对课程参与的评价较低。这在一定程度上表明，当前我国教育学学术型研究生课程建设的主体参与机制不健全。一方面，学校尚未构建完善的课程建设多元主体参与机制，授课教师、研究生参与课程建设的渠道不通畅，作为课程教学活动的实际参与者却对课程建设过程参与较少，致使研究生对课程参与的评价与教师对课程评价结果的运用水平较低，从而也使得很多类型课程的开设质量较低。另一方面，课程监管体系不健全。在课程建设中，教师反映学校对课程审查和督导的力度较大，说明学校在课程监管中有绝对的控制权，授课教师和研究生则相对处于被监管的地位，二者的课程监管主体性、主动性、创造性没有被充分调动起来，教师和研究生在课程监管方面的活力亟待激发，以形成课程建设的合力。

四、教材建设特色不彰

教育学学术型研究生教材建设特色有待强化，亟待构建更具本土化和前沿性的研究生教材体系。教材是课程教学内容的重要载体，为研究生提供了最基本的学习资源和材料，是研究生课程建设需要关注的重点领域之一。相对于其他专业与本科生的课程建设而言，教育学学术型研究生课程建设既要能够发挥对教育类专业的引领和示范作用，在传授教育基本理论知识的基础上，有效提高学生的教育教学实践能力；也要能够超越本科课程传授知识的基础性，增强知识的理论深度、专业性、前沿性、系统性。然而，从当前我国教育学学术型研究生教材建设状况来看，教师问卷调查结果表明，教师自编教材、使用国外前沿性教材，以及教材的更新程度都有待进一步加强。比如，有一些授课教师反映，自己所用的教材虽然是单位组织编写的，但教材内容基本上和国内统编教材大同小异，结合本校教育与研究生学习发展实际状况的创新内容较少，尽管有的教师会使用国外教材，但往往也是仅仅其中的一部分内容，并没有结合我国国情和教情的本土化进行探索，相关课程内容更新速度也远远赶不上学科专业知识发展和实践一线变化的速度。这在一定程度上反映了我国教育学学术型研究生课程建设的前沿性和本土化特色不够，特别是将二者紧密结合于同一部教材的力度不够，既能体现本土化特色又具有前沿性特征的教育学学术型研究生教材的开发力度有待进一步加大。

五、国际化课程质量不高

教育学学术型研究生国际化课程开设水平较低、质量较差，有待构建结构合理、开展有序、质量较高的国际化课程体系。研究生教育是我国高等教育体系中的较高层次，着力培养具有国际意识和国际视野的高素质创新人才是研究生培养的重要目标。开设一定比例的国际化课程，是培养具有国际视野的高层次创新人才的重要途径，也是提高研究生国际理解和国际化能力的重要措施。然而，从当前我国教育学学术型研究生国际化课程建设的状况来看，国际化课程体系还存在结构不合理、开设水平较低和质量较差等问题。国际化课程结构不合理，主要表现在对国际化课程内涵的理解较为狭隘，国际化课程开设的系统规划不够，相关课程开设显得比较零散、随意。国际化课程开设水平较低，既表现在目前所开设的课程类型中尚无专门的国际化课程类型，只是在其他类型课程中有所涉及，也表现在国际化课程与已有相关课程类型，尤其是专业课程类型的融合程度不够，国际化课程开设的成熟度较低。国际化课程开设质量较差，主要表现在已有的全英文课程、专业外语课程等与国际化课程有关课程类型，在不同学位点间依然存在较大的差异，整体质量水平还有待提高。这就要求各培养单位应在加强引进和开发高质量国际化课程、构建合理的国际化课程结构、制定科学合理的课程管理服务机制上下工夫，以进一步提高国际化课程开设水平和质量，促进国际化课程发挥更大的育人效能。

第五章
我国教育学学术型研究生课程建设的关键瓶颈与破解对策

全面加强和改进研究生课程建设，是我国教育学学术型研究生课程改革的重要任务。我们通过对全国教育学学术型研究生学位点教师和研究生关于课程建设状况、需求、建议进行系统调研，明确了我国教育学学术型研究生课程建设存在的瓶颈和问题，并在进一步对国内外教育学学术型研究生课程建设有益经验和典型案例比较分析的基础上，把握了教育学学术型研究生课程建设的有效举措和可行路径。针对主要瓶颈问题，参照国内外有益经验，我们进一步整合提出了加强和改进我国教育学学术型研究生课程建设初步结论和对策建议。

第一节　教育学学术型研究生课程建设调研发现

经调研分析发现，相对于我国研究生教育繁荣发展的现实状况与研究生身心发展的多样化需求而言，我国教育学学术型研究生课程建设存在课程目标与现实不契合、课程结构不合理、各主体的课程建设参与程度不高、教材特色不彰、国际化建设深度不够等突出问题，影响了我国研究生教育的高质量发展。

一、课程目标不合理，固化的培养目标与多样化现实不契合

课程目标是培养目标的具体表现形式。我国教育主管部门在教育学学术型研究生培养目标方面没有明确的规定，各培养单位一般以国家的研究生培养目标为参照，结合本单位教育学特色，制定具体的培养目标，并以此确定课程目标。然而，从实际情况来看，研究生培养目标的单一性、模糊性等问题渗透至教育学研究生课程的目标定位中。尤其是在当前我国教育学学术型研究生入学动机多元化、就业去向多样化等现实背景下，学术型研究生培养目标与现实之间的差距进一步被拉大，致使课程目标及价值定位面临着尴尬的窘境。

一方面，培养目标单一，与研究生多样化的个人目标取向不符。当前，我国教育学学术型研究生教育的主要目标一般是培养研究生的科研创新能力，而研究生的求学动机却呈现出多元化的趋势，致使研究生培养效果不佳。对于研究生的求学动机，北京师范大学课题组于 2014 年对 138 名教育学研究生进行调查，发现 10.4%的研究生因为逃避就业而选择考研，22.4%的研究生因为较高的工作期望而选择考研，65.7%的研究生是因为自

身或个人兴趣而选择考研。反观研究生培养现实，我国学术型研究生的培养目标基本都侧重于理论知识教学和科研创新能力方面，这与研究生多样化的求学预期差距较大，从而导致研究生入学后的心理落差较大，容易产生厌倦和应付的心理，出现逃课、厌学等现象，加大了学校教育管理和教师课堂管理的负担，降低了课程的育人效果和学校的育人实效。

另一方面，课程的学术性取向定位遭受教育学学术型研究生就业去向多样化的冲击。从我国研究生就业的实际状况来看，教育学学术型研究生尤其是硕士研究生中有很大比例的毕业生流向了中小学教育教学一线，或者进入教育培训类企业。结合这两类就业去向对研究生综合素养的现实要求，我国学术性导向的学术型研究生课程体系往往难以满足研究生对实践性知识和技能的需求。在学校课程难以满足的情况下，一些研究生转向进行考证、实习等与将来就业联系更紧密的活动，致使授课教师在课程价值取向定位方面感到困惑，难以在培养目标与现实需求之间进行取舍，课程开设的质量也不尽如人意。

二、课程结构不科学，课程管理不当和类型比例不合理并存

随着《教育部关于改进和加强研究生课程建设的意见》的出台和实施，各研究生培养单位积极推进课程改革，开展模块化课程建设，强化开设学科基础类课程和方法类课程，逐步形成了以重基础、抓方法为特色的教育学学术型研究生课程体系。个别培养单位在博士研究生层次构建了三级平台的课程体系——一级为学科通识平台课程，二级为学科专业平台课程，三级为学科方向平台课程，各级课程逐渐向专业方向聚焦，越来越体现专业方向的特点。虽然大部分培养单位的教育学学术型研究生课程体系初具规模，特色化初见端倪，但在系统内部课程类型的结构不尽合理，在课程设置方面如何调和知识与兴趣、教师专长与研究生诉求等之间的关系有待深入探索。

一方面，教师开设课程的自主性收放不当。授课教师具有较大的自主权，在依据个人专长开设课程方面有充分的自由空间，是研究生课程建设的一个重要特色。但在课程设置过程中，对授课教师的自主性往往把握不当，主要体现在两个方面：一是一些培养单位侧重根据教师研究领域和专业特长设置课程，赋予教师的自主性过大，出现了因人设课、课程设置随意性大的现象。尤其是在师资力量较弱、研究领域覆盖面不全的培养单位，散点式的课程门类难以保证教育学课程体系的完整性。二是部分课程管理部门“一言堂”，只注重课程体系的完整性，无视教师根据个人专长开设课程的诉求，不给予教师以课堂为平台传授前沿性、系统性领域知识的机会，造成优秀教学资源闲置和人力资源利用率低下。

另一方面，学科基础课与专业方向课、必修课与选修课等不同类型课程的数量比例失衡，跨学科课程有待拓展。为了强化基础，很多培养单位缩减专业方向选修课的数量，或者降低专业方向课程在学分体系中的比例，产生了专业方向课程供给不足和研究生对选修课程需求旺盛之间的矛盾。但也有培养单位为了凸显自主学习，提高选修课学分的比例，导致选修课变相成为必修课。部分培养单位尚未打破跨院系选课的壁垒，研究生跨学科选修课程，尤其是跨学科选修方法类课程的需求得不到满足。此外，个别培养单位以学分总量限制研究生选课门数，导致出现了“选一门课程超一学分、不选差一学分”的尴尬局面。

三、主体参与不理想，教师和研究生参与的制度机制不完善

课程建设是一项十分复杂的系统性工作，建设过程涉及培养单位、教师、研究生、用人单位等多方核心利益相关者。从人才培养的范围内来看，培养单位是课程建设的主导者，教师是课程教学活动的主要实施者，研究生则是课程建设效果的直接承受者。作为学校课程管理和服务的主要对象，授课教师和研究生理应是课程建设的最重要参与者。但在实际工作中，教

师和研究生参与课程建设的状况并不理想，课程评价、考核等管理和服务体系还不完善。

第一，授课教师、研究生参与课程建设的渠道不通畅。很多研究生培养单位的课程建设尤其是课程设置工作机制不健全、不合理，课程建设工作的公开性、透明性、科学性不足。在制订课程方案等相关工作中，往往由院系部分领导和学科带头人主导或直接做决定，既没有广泛征询教师、研究生的意见，也没有为教师、研究生提供参与课程建设过程的有效途径，致使教师和研究生不了解课程设置的依据和过程，难以在课程建设中表达自己的诉求，更不能为课程建设建言献策。

第二，课程监管和评价体系不健全。随着我国研究生教育尤其是课程教学改革的不断深化，虽然很多培养单位都强化了对课程教学过程的监督管理，着力以提高课程教学质量为抓手带动研究生教育质量的提升，但在实践中依然存在一些问题。在课程教学监管方面，很多培养单位为加强对调课、停课等教学过程的管理，相继建立了研究生教学督导制度，但由于相关制度规定缺乏弹性、专业督导人员难以配备等原因，既增加了授课教师的负担，也使得督导工作无法正常开展。在课程评价方面，尽管一些培养单位会不定期地组织进行研究生课程评价，但大部分培养单位尚未建立起长效的课程评价平台或机制，致使学校和教师难以及时获取课程及教学一线的信息，无法为课程建设提供科学的参考依据。

第三，研究生课程教学考核评价机制不健全。教师与研究生是课程教学活动过程的直接参与者和体验者，二者充分参与课程建设往往能使课程制度更加关注教学过程这一核心要素，提高课程开设的实效。然而，由于课程建设参与不足，一定程度上使学校课程制度更多关注的是课程管理等宏观层面，而对教学过程关注不够。这在很大程度上致使一些培养单位的研究生课程教学评价机制不完善，在学校教育教学工作中较多重视本科生教学而相对忽视了研究生教学，针对研究生课程教学质量的评价和奖惩机制不健全，使得调动教师从事研究生课程教学的积极性的外在动力不足，研究生课程教学开展的质量也较多依赖于教师个人的责任心与一般的规章制度，难以保障研究生课程教学的效果和质量。

四、教材特色不明显，创新性、前沿性、本土化不足

教材是课堂教学知识的载体，是研究生课程建设的核心。研究生教育的专业性、系统性、创新性，要求研究生课程教材应突出基础性、前沿性、系统性等特征，而教育学学科的开放性、与其他学科的关联性以及国内外教学发展现状，又对研究生课程教材提出了国际性、本土化等系列要求，从而使教材能够有效助力研究生系统专业知识学习和科研创新能力培养。从研究生教育的实践需求来看，虽然对教材建设过多的统一要求容易限制教材的多元化发展，但加强教材建设，强化教材的创新性、前沿性、本土化特征，应该是研究生课程教材建设的基本遵循。从教材建设状况来看，尽管一些培养单位在课程教材建设上已经积累了较为丰富的经验、形成了自身的特色，但还存在一定的问题。

第一，培养单位在政策和资金方面的支持力度不够，教材的创新性不足。教材建设是一项费时费力的工作，尤其是开发高质量的教材更需要耗费较大的人力和物力，这就使得教材建设需要有较为完善的政策支持。然而，从实际状况来看，各培养单位对研究生教材建设的重视程度还远远不够。在科研评价体系中，过多重视专著、论文等科研成果，教材所占的分量偏低；在项目支持上，较少设立研究生教材建设专项支持项目，或将教材建设纳入教改项目支持，或仅有少数培养单位设立了教材建设支持项目，且往往多向本科教育教材建设倾斜。致使重专著、论文而轻教材的现象普遍存在，相对于学科教材研发，教师宁愿将更多的精力投入到论文、专著等科研成果之中。[①]教材研发不足，也使得教材的创新性不够。

① 郭文安. 2011.教育学教材编写的思考[J]. 课程・教材・教法,（1）: 33-43.

第二，教材内容更新机制不健全，内容更新缓慢，前沿性不够。紧跟学科专业发展与改革实践前沿，及时更新教材内容体系，使教材内容始终保持在理论与实践发展前沿，是更好地培养高素质创新人才的基础。从教材建设的实际情况看，多数培养单位的研究生教材更新速度较慢、前沿性不强。一方面，基础性教材内容陈旧、更新速度慢等问题普遍存在，最新的优秀著作、期刊文献、科研报告等前沿性材料长期被用作补充材料，在课程中的地位不够突出；另一方面，研究生教学的特殊性在选取教材方面赋予了授课教师较大的自主权，但教师的随意性过大，导致与课程主题相关的知识体系不完善、系统性较差，甚至出现了“一本书结束一门课”、整个课程“囿于一书之内容、困于一人之观点”的现象。

第三，对本土的教育理论和实践挖掘不足，教材的本土化特色不彰。我国教育学科研究尤其是研究生教育研究相对滞后于西方国家，所以我国研究生教材中较多地呈现了国外相关理论和国内研究生教育现象及问题，教材的本土化特色不彰。一方面，对我国本土研究生教育理论的研究不够。从教育理论研究来看，我国教育学学术型研究生课程教材中的成熟理论往往是对国外理论的介绍，而将国外理论结合中国实践本土化和基于本土实践的理论研究不足。另一方面，对我国研究生教育实践问题的挖掘不深。从教育教学实践分析状况来看，我国教育学学术型研究生课程教材中较多介绍、展示、简单分析一些教育现象，而结合理论的深入分析与基于科学实证调研的凝练总结不够，对我国研究生教育教学实践的挖掘不深。

五、国际化深度不够，国际化课程质量不高，服务机制不健全

国际化课程是指在国际观念的指导下，融合国际的、跨文化的观念与知识的课程，其核心目的是培养研究生的国际观念、视野和技能。[①]开设

① 朱锋. 2012. 论高校课程的国际化与本土化[J]. 新课程研究（中旬刊），(8)：24-26.

高水平的国际化课程是建设研究型、开放型、创新型的世界一流大学和世界一流学科，培养具有广阔国际视野、较强科研创新能力的研究生队伍的基本途径。[①]当前，各培养单位的教育学科研究生国际化课程建设如火如荼，海外引智项目、国外专家讲座、全英文授课等各种项目丰富了课程的类型，激发了研究生教学的活力。但由于过度追求高速度、大规模，甚至在尚未明确国际化课程内涵的前提下盲目跟风，很多培养单位的教育学学术型研究生国际化课程暴露出了诸多问题。

第一，对国际化课程内涵的认识不透彻。有些培养单位简单地认为国际化课程就是英文授课，强迫部分授课教师将中文授课改为英文授课。虽然目前国内对国际化课程的定义较为多样[②]，但外语只是其中的要素之一，国际化课程绝不仅仅是简单地用英语授课。一些培养单位对于什么是高水平国际化课程这一基本问题搞不清楚，为了国际化而国际化，教育学学术型研究生国际化课程也就偏离了既定的目的。

第二，教育学专业的常规性国际课程数量较少，国际化课程的质量有待提高。受制于经费、资源等因素，各培养单位偏向于短期专家讲座的国际化课程项目较多，而较为系统、深入的常规性课程较少。另外，还有一些培养单位的国际化课程建设只重形式而不顾内涵，只重数量而忽视质量，反而减弱了课程效果。

第三，国际化课程服务管理体系不健全。开设国际化课程是优化研究生课程体系、引入优质教学资源的重要方式，对于国际化课程内容、授课教师的择取应有系统的设计，其立项、监管、退出等方面应有相应的制度规范。然而，当前很多培养单位还缺乏对国际化课程的制度设计，开设国际化课程的目的不明确，国际化课程与本土化课程的关系不明朗，国际化课程的立项标准、评价体系、退出机制不到位，致使国际化课程的长期、

① 刘劲松，徐明生，任学梅，等．2015．研究生高水平国际化课程建设理念与实践探索[J]．学位与研究生教育，(6)：32-35.

② 汪霞．2010．大学课程国际化中教师的参与[J]．高等教育研究，(3)：64-70.

高质量开展缺乏政策和制度保障。

第二节 加强教育学学术型研究生课程建设的对策建议

当前，在研究生教育课程改革不断深入的背景下，面对我国教育学学术型研究生课程建设存在的突出问题，以国内外已经积累的课程建设方面的有益经验为参照，推进我国教育学学术型研究生课程建设，应坚持一个理念、依托七项参照、落实五条路径、做好八点探索，以融合的课程体系、创新的建设思路、针对性的建设举措、科学的课程指南推进高水平研究生课程建设的改革与实践。

一、坚持一个理念，以融合的课程体系促进研究生全面发展

课程是教师教与学生学的载体和依托，为教师教学尤其是学生学习和发展提供了潜在的可能性，课程体系对研究生的学习和发展具有十分重要的影响。在当前培养德智体美劳全面发展的人的教育目的，以及新课程改革强调知识与技能、过程与方法、情感态度和价值观的课程目标的引领下，要更好地培养全面发展的高素质的创新型人才，各培养单位在课程建设中应坚持以融合的课程体系和教学实践促进研究生全面发展，处理好课程建设过程中的各种复杂关系。

（一）处理好“知”与“行”的关系

处理好研究生知识学习和躬身实践的关系，应促进研究生做到知行合一、相辅相成。在研究生课程体系设计中，各培养单位要充分重视专业理论性课程与实践性课程的育人价值，无论何种类型的研究生都应学习这两

种类型课程，但要注意不同类型研究生理论性课程与实践性课程的比例和结构的差异。在学术型研究生与专业型研究生之间，对学术型研究生应较多开设的专业理论性课程，专业实践性课程也应更加偏向科研创新实践，适当考虑引入对应社会岗位的职业实践内容；在硕士研究生与博士研究生之间，博士研究生理论性课程比例应该更大，更具有理论深度，博士研究生的专业实践类课程应更偏向理论创新实践，硕士研究生的专业实践类课程则应兼顾科研创新与相应的社会职业岗位实践的内容。

（二）处理好“人”与“事”的关系

处理好做人与做事的关系，各培养单位应教会研究生要做好事应先学会做人，在做事中学习做人，在做人中做好事。与本科生教育过度重视通识教育，开设大量通识课程不同，我国研究生教育往往过多重视专业教育，而相对忽视了通识教育的重要价值，这就容易造成部分研究生“能做好事，却做不好人，最终做事和做人都做不好”的结局，须知做人和做事是相辅相成、相得益彰的关系。这就要求培养单位在研究生课程建设中，要加快转变在课程设计中重科研能力培养、轻通识教育的观念，加强研究生通识教育的系统设计，将统一开设通识课程与推进导师个体指导等多种方式相结合，有目的、有计划、系统地对研究生进行社会文化、职业规则、社交技能等方面的教育，使研究生能够掌握为人处世之道、职业生活方式，提高研究生的社会和职业胜任综合能力，为将来完满的职业生涯做好充足的准备。

（三）处理好“旧”与“新”的关系

协调好旧知识和新知识的关系，应坚持在传承的基础上创新和学习新知识，在新知识的掌握中不断深化对旧知识的理解，构建融合新旧知识为一体的知识体系。知识的发展有着特定的内部规律，研究生教育内容的系统性、高深性、前沿性特征，决定着要更好地传承和创新学科专业知识，必须要处理好旧知识学习和新知识创新之间的关系。具体来说，各培养单位在课程建设中，应处理好不同学科专业研究生课程内容中旧知识与新知识之间的关系。在具体课程类型上，在开齐开足各学科专业核心课程，保证研究生能够掌握系统专业知识的同时，结合学科专业特征、专业实践技能要求和就业岗位需求等情况，有计划地开设研究生专业理论和实践前沿性课程。在专业课程内容上，在保证学科专业核心知识内容的基础上，对于研究已经成熟的最新基本原理与理论，应及时纳入课程内容之中，要求学生深入、系统地学习并掌握；对于比较成熟但还在发展中的内容，应将其作为课程内容前沿进展，鼓励有兴趣的学生通过阅读材料进行学习和研究；对于还处在研究中的热点问题及领域，可以选择一些专题进行重点研讨或作为学生的课外拓展学习内容，培养学生的研究和创新能力①，由此将旧知识和新知识融汇于课程内容之中，提高研究生的知识学习和创新能力。

（四）处理好“中”与“外”的关系

处理好国内与国外的关系问题，在课程设置上应协调本土课程和国际化课程的比例，在单门课程内容中也应合理划分中外内容的比例。在操作层面，应将研究生培养的立足本土、开放意识与国际视野相结合。一方面，在课程类型上，应根据研究生的类型和性质，科学合理地布局本土课程与国际化课程的比例。在学术型研究生与专业型研究生之间，学术型研究生的国际化课程比例应相对较大；在硕士研究生与博士研究生之间，博士研究生的国际化课程比例应该更大。另一方面，在单门课程上，应根据研究生类型合理安排中外课程内容的比例结构和国外部分课程内容的具体类型和呈现方式。在专业课程内容布局中，学术型研究生专业课程中的国外部分内容比例应该更大，更加偏向国外系统的成熟理论及研究最新进

① 林健. 2018. 多学科交叉融合的新生工科专业建设[J]. 高等工程教育研究，(1)：32-45.

展，专业型研究生专业课程内容的国外部分应更加关注国外的专业实践状况；博士研究生专业课程内容中的国外部分内容的比例应该更大，具体内容应该更加具有理论的系统性和前沿性，硕士研究生专业课程内容中的国外部分则更应关注国外已经成熟的理论和最新发展情况，促使硕士生能够掌握本学科专业领域在国外发展比较成熟和典型的几个重要理论，博士研究生课程内容中的国外部分应该更注重“面”的学习，而硕士研究生课程内容中的国外部分则更应该关注重要“点”的学习。

（五）处理好“教”与“学”的关系

为协调好教与学的关系，应不断完善研究生课程教学制度，促进授课教师彻底转变教学理念，落实以学定教、以学评教、教学相长的教学理念，实施“以学生学习为中心”的教学改革模式。

第一，健全“以学定教”的教学实施模式。促进教师转变教学“以教为主”的理念，树立以学生学习为中心的教学理念，在科学研判学生特点、学习内容和任务、学习具体情境等的基础上，紧紧围绕学生的“学”来系统设计整个教学过程，突出教学设计中对“学”的设计，促进教学设计从“为教服务”转变为“为学服务”，在具体教学过程中既应按照学程设计实施教学，也应有一定的弹性安排，有效促进学生学习活动的开展。

第二，完善“教学相长”的教学互动模式。促进教师重视“以教促学”和“以学促教”的双向作用，在教学中充分重视学生的想法，特别关注学生创造性的想法和观点，善于调动学生学习的积极性，多与学生交流和互动，在交流和互动中向学生学习，在教学中善于总结经验，不断进行教学的自我反思，并在“实践—反思—再实践”的循环中改进教学实践，推动形成“教学相长”的互动模式。

第三，强化“以学评教”的教学评价模式。促进教师为学生提供“可选择的教育”内容，在教学内容上应尽可能地为学生提供丰富的学习材料，给予学生更多选择的机会，在教学方法上应通过科学引导使学生能够充分发挥主体地位，鼓励学生自主探索解决问题之道，注重营造合作探究、轻松宽容的课堂氛围，改善学生学习的主观体验，以学生学习效果和体验作为评价教学质量的核心要素。

第四，推行“以学生学习为中心”的教学改革模式。促进授课教师进行学习研究和学习改革，在“教研”的基础上进行“学研”，在“教改”的同时进行“学改”，促使教师“教”的质量能够落实到学生“学”的效果上。①

二、依托七项参照，以创新的建设思路引领研究生课程建设

《国家中长期教育改革和发展规划纲要（2010—2020年）》提出不断创新人才培养模式和机制、推进课程教学改革、完善管理机制，努力培养大批高素质拔尖创新人才的要求以来，我国高等教育一直将创新人才培养作为改革和发展的重要目标。当前，世界经济全球化深入发展、国际关系错综复杂、科技日新月异、人才竞争日趋激烈，我国正处于百年未有之大变局之中，经济建设、政治建设、文化建设、社会建设、生态文明建设等的全面推进，更凸显出了创新人才培养的重要性和紧迫性。高等教育作为创新人才培养的主阵地，尤其是作为较高层次的研究生教育，更应以培养高素质的创新型人才为主要目标。创新人才培养，关键在教育，核心在课程，只有以创新的课程建设思路为引领，为研究生课程建设提供科学的理论参照，才能更有效地助推高素质的创新人才的培养。

（一）课程建设的创新性

各研究生培养单位应将创新理念融入研究生课程建设实践，创新课程建设的理念、要素和过程，以新的理念、新的要素、新的方式为研究生课

---

① 周海涛，胡万山. 2019. 研究生有效教学的特征——基于教育学研究生课程收获影响因素的调查分析[J]. 学位与研究生教育，(2)：24-29.

程建设注入新的活力，促使研究生课程呈现出新的面貌。

第一，创新课程建设理念，以新的理念引领课程建设过程。课程建设理念一直处于变化和发展之中，好的理念总是能促进课程建设实践的有效推进。各培养单位在研究生课程建设实践中，既应密切关注教育理念的发展状况，以及课程教学实践中的实际问题，根据最新的教育理念、针对实际问题推进课程改革，也应不断完善学校课程建设政策机制，促进授课教师扎根研究生课程教学实践，不断改革课程教学过程、创新课程建设理念，为研究生课程的不断优化提供理论指引。

第二，创新课程建设要素，以新的要素激发课程建设活力。将创新理念落实到研究生课程建设的课程设置、课程实施、课程评价、课程管理等具体要素上来，敢于、善于在实践中紧紧围绕课程教学需要和研究生发展需要不断创新具体要素，探索更适合研究生创新能力发展的课程设置方式，寻求更有利于激发研究生学习积极性和创造性的课程教学和评价方式，构建更能提高课程开设效果和课程教学质量的课程管理机制，以创新的课程建设要素夯实课程建设实践创新的根基。

第三，创新课程建设过程，以新的方式提高课程建设质量。深入改革研究生课程建设机制，推进构建多元主体参与的研究生课程建设模式，充分尊重、听取、考虑来自课程教学实践一线的诉求，从多个侧面、多个角度构建更为完善的研究生课程体系。同时，推行“循证决策”的课程建设方式，在课程建设尤其是课程体系设计上，应经过系统的理论论证与实践考察，使课程设置建立在严格检验而确立的客观证据之上，既符合理论逻辑也契合现实状况，能够切实满足研究生学习和发展的需要，有效促进人才培养目标的实现。

（二）课程体系的育人性

坚持将育人作为课程体系设计的核心目标，在课程体系设计中充分考虑人才培养目标、职业技能要求、学生学习需求等因素，构建更加系统、完善、富有弹性的课程体系，促进研究生的全面发展和个性化发展。

第一，围绕人才培养目标进行课程设计，促使课程成为人才培养的可靠依托。学校教育的育人性根本上体现为课程体系的育人性，其中的关键在于要紧紧围绕学校人才培养目标来设计课程体系。这就要求培养单位要在明确各学科专业研究生培养目标的基础上，进一步将其细化和分化为可操作的培养目标体系，并深入研究不同课程类型的特征与功能，根据细化的培养目标要求有针对性地开设相应的课程，争取每个人才培养子目标都有与之相应的课程类型及具体课程作为支撑，开设的每门课程也能有明确对应的人才培养目标，提高课程开设的精准性。

第二，围绕职业技能要求完善课程体系，提高学生面向职业的专业实践能力。就业市场对学生职业技能的要求是学校课程建设不可回避的问题，尤其是在当前职业分化越来越细、专业化程度越来越高的背景下，要更好地培养适应市场需求的创新人才，各培养单位必须要在课程体系设计中充分考虑就业市场因素，统筹政府教育行政部门、各行业协会和企业等主体的力量，全面掌握各学科专业研究生对应社会岗位的最新职业技能要求，并有意识、有计划地将其纳入课程体系之中，提高课程体系的实践适应性。

第三，围绕学生的学习需求调整课程结构，满足研究生多元化的学习目标追求。学生读研的多元化动机，给学校课程体系设计提出了新的挑战，各培养单位只有在按照既定培养方案开齐开足相应课程的同时，充分考虑研究生个体的学习需求差异，才能使课程体系更能适应和满足所有学生发展的需求。各培养单位应建立研究生就读动机调研机制，全面掌握所有研究生的就读目标和需求，并适当开设必要的选修课程，为有不同需求的研究生提供更加适合的教育。

（三）课程设置的灵活性

各培养单位应该构建和完善更加富有弹性的学校课程设置制度，提供丰富多样的课程类型和课程门类，搭建跨学科、跨院系的课程设置平台，灵活设置各类课程。

第一，调整课程设置制度，构建更加富有弹性的制度体系。制度对实践具有规范和引导作用，富有弹性的政策制度体系是保证课程设置灵活性的重要因素。各培养单位应立足课程教学实践与研究生的发展需求，不断调整和完善研究生课程设置制度，在按要求开齐开足国家规定必修课程、专业领域核心课程的基础上，在制度上允许各学科专业根据人才培养需要增设新的课程类型和具体课程，保障课程开设的系统性和灵活性。

第二，实施“课程库”模式，给予学生更大的自主选择余地。课程设置的灵活性，对学生而言就是要推进落实课程的“可选择性”，尤其是要保证学校课程类型的多样性和数量的丰富性。这就要求各培养单位全面实施“课程库”建设制度，推进学校各学科专业根据研究生培养目标，系统设计和准备好类型多样、层次分明、数量丰富的“课程库”，并不断完善“课程库”的管理制度，根据就业市场的人才素质要求和学生的学习发展需求，不断调整、更新、完善“课程库”，给予不同发展需求的研究生更多可选择的空间。

第三，搭建课程交叉平台，推进学科交叉课程设置常态化。推进不同学科课程交叉融合是课程设置灵活性的重要体现，而学科专业壁垒是学科交叉课程设置面临的最大障碍。鉴于此，各培养单位应建立健全不同学科专业的交叉融合机制，以搭建高水平的学科交叉平台为突破口，带动课程交叉平台建设，逐步打破课程设置在院系之间、学科之间的壁垒，同步推进不同学科专业课程面向全校开放和不同学科专业教师协同开课。同时，注重借助大规模在线优质课程资源，以交叉融合的课程体系提高专业复合受益率和选课率，为研究生进行各种复合交叉学习提供可能。

（四）课程内容的系统性

各培养单位应该从培养高素质创新型人才的培养目标出发，以课程体系和课程内容结构的系统设计为抓手，构建完善的学校教育内容体系，促进研究生的全面发展。应全面加强课程体系的顶层设计，保证学校教育内容的系统性。课程体系是学校教育内容的核心载体，学校教育内容的系统性根本上体现为课程内容的系统性。有效保障课程内容的系统性应从以下三方面着手。

第一，开设类型齐全的课程。根据各学科专业人才培养目标与研究生全面发展的需求，开设开齐通识类课程、专业基础类课程、专业核心类课程、专业方向类课程、专业实践类课程、职业技能课程等课程类型，从课程类型层面筑牢研究生全面发展的根基。

第二，理顺课程之间的内部关系。以学科专业人才培养目标为主线，理顺不同课程类型和具体课程门类的内部关系，使不同课程之间能够紧密联系、相互支撑、逐渐深化，形成人才培养目标导向的系统化课程体系，增强学校课程体系的育人合力。

第三，突出课程开设顺序的科学性。一方面，深入研究不同学科专业知识发展本身的规律，以及研究生知识学习和身心发展的内在规律，在深入推进课程教学实践的过程中寻求二者之间的耦合点，不断调整课程开设顺序，优化课程结构体系。另一方面，深入谋划具体课程的内容结构，保证具体课程内容的系统性。具体课程内容的系统性是课程体系系统性的基础性保障，各培养单位既应保证各门具体课程内容的全面性，也应做好各门具体课程之间的衔接工作。在具体课程的内容结构上，应在明确该课程的目标定位、性质特征等的基础上，科学合理地布局具体内容结构，注意理顺具体课程内容之间的内部逻辑关系，促使课程的具体内容能够有效支撑课程目标的实现；在具体课程内容之间，应深入研究不同课程内容对培养目标实现的功能和价值，准确把握具体课程内容之间的内在联系，以及学生身心发展规律对相关知识、技能学习的需求，按照科学的逻辑顺序开设具体课程，实现具体课程内容之间的优化组合，形成系统化的专业知识体系，促进学校课程体系发挥更大的育人效能。

（五）课程类型的协调性

各培养单位应该统筹协调好各种课程类型之间的关系，将必修课与选修课、专业课与公共课、显性课程与隐性课程、本土课程与国际化课程科学合理地融合于课程体系之中，形成全面系统的教育合力，更好地促进研究生成长成才。

第一，处理好必修课与选修课的关系，在保障核心内容教育的同时，给予学生更多选择。根据专业人才培养目标和国家课程开设要求，开齐开足专业必修课程，保证专业领域核心知识的内容的系统教育，打牢学生专业学习和发展的根基。同时，根据研究生不同的专业方向及多样化的学习兴趣，既应开设多样化的专业方向选修课程，也应打通学校选修课程公选渠道，促进选修课程实现全校范围内公选，提高课程的开设效率。

第二，处理好专业课与公共课的关系，同步重视学生人文素养教育和专业素质教育。面对当前我国研究生教育相对忽视人文教育的状况，各培养单位应在强化专业教育的同时，充分重视人文通识教育的价值，结合当前学校教育“思政课程”与“课程思政”的改革实践，融合相关公共课程和通识教育内容，开设高度融合的公共课程，促进学生专业素质和人文素养的全面提升。

第三，处理好显性课程与隐性课程的关系，以统筹学校各种教育资源形成教育合力。各培养单位应同等重视学校教育活动育人与校园文化育人的重要价值，在广泛调研和全面掌握学校各种显性与隐性教育资源的基础上，既应根据学校人才培养目标开设系统、完善的课程体系，也应统筹规划学校各种景观设计和文化活动等，充分整合学校的各种教育资源。

第四，处理好本土课程与国际化课程的关系，兼顾培养学生的本土情怀和国际视野。兼顾研究生课程结构和内容体系的本土化与国际化，在专业课程内容上应实现与国际接轨，体现全球范围内相关学科专业的发展前沿，培养研究生面向学科领域前沿的专业能力；在推进国际化课程的过程中，应注意批判性地吸收和学习，在促进学生了解国外情况、培养国际视野的同时，有意识地塑造学生的本土情怀。

（六）课程层次的针对性

统筹考虑不同学科专业，以及不同培养层次和类型研究生的内在特征与培养目标差异，针对不同研究生群体开设不同层次和类型的课程，提高研究生课程开设的针对性和科学性。

第一，充分考虑研究生的专业差异，针对不同专业类型开设不同类型的课程。各培养单位应该推进落实根据研究生学科专业差异调整开设课程的类型结构，在保证不同学科专业开设有一定比例的相同通识课程、同一学科大类下不同专业开设有相同专业基础课程的基础上，根据学科专业差异有针对性地开设相应的专业核心课程、专业方向课程、专业实践课程等，提高不同学科专业课程之间的区分度，使课程类型更加契合各具体专业的人才培养目标。

第二，注意区分研究生的层次差异，根据不同培养层次开设不同层次的课程。研究生有硕士研究生和博士研究生之分，培养层次上的差异也决定了培养单位要对应开设相应层次的课程。一般来说，对于博士研究生，无论是在系统专业知识学习还是科研创新能力培养上，都比硕士研究生有着更高的要求，这也就需要为博士研究生建设创新性更突出、理论性和系统性更强的课程体系，突出培养博士研究生系统专业知识习得基础上的科研创新素养。

第三，统筹处理研究生类型差异，对于不同培养类型的研究生开设不同类别的课程。当前，我国专业型研究生与学术型研究生分轨教育的状况已然明确，对于学术型研究生，更倾向培养其以学术素养为核心的科研创新能力；对于专业型研究生，则更倾向培养其以实践素养为重点的专业生产实践能力。二者在人才培养目标上的差异，要求各培养单位在课程体系设计上也要注意区分。对于学术型研究生而言，应开设更多的专业核心理论性课程、专业发展前沿性课程；对于专业型研究生来说，则应该在保证学生习得系统专业知识的基础上，开设更多面向职业和岗位的专业实践性课程，使得课程体系设计与人才培养目标相匹配。

（七）课程考核的开放性

各培养单位应该推进研究生课程考核开放化，吸纳多元主体参与课程考核、丰富考核的内容体系、实施多样化的考核方式，以开放的课程考核主体、内容、方式，突出研究生课程考核的发展功能。

第一，吸纳多元主体参与课程考核，突出考核主体的多元性。针对以往大学课程考核主体的单一性，且过于强调考核鉴定性功能的弊端，各培养单位应加快推进课程考核改革，分专业推进成立以校长、教师、家长、研究生、社会用人单位等多元参与和交互作用的评价模式，促进组建多元主体参与的各学科课程考核评价委员会，加强评价者与被评价者之间的交流和互动，以课程考核为抓手充分调动研究生课程学习的主体性和积极性，将考核过程转变成为促进学生主动参与、自我反思、自我教育、自我发展的过程。①

第二，丰富拓展课程考核内容体系，凸显考核内容的丰富性。课程考核内容取决于课程的目标追求，随着当前知识与技能、过程与方法、情感态度与价值观等多元化课程目标的深入推进实施，亟须各培养单位切实改进传统的以知识记忆为单一目标的考核内容，推进形成知识、能力、素质并重的课程考核内容体系，将研究生课程考核内容由只考核学生对所学课程知识的理解与掌握情况，转变为考核学生对所学课程的知识记忆、知识理解、知识应用、知识评价、知识情感等知识、能力和素质，多角度地全面评价研究生的课程学习情况。②

第三，推进实施多样化的考核方式，彰显考核方式的开放性。推进研

---

① 刘晓昶. 2019. 构建多元主体参与的课程治理体系[J]. 中国教育学刊, (5): 103-104.

② 罗三桂, 刘莉莉. 2014. 我国高校课程考核改革趋势分析[J]. 中国大学教学, (12): 71-74.

究生授课教师改革传统以考试为主的单一课程考核方式，根据学科专业与课程类型的差异，广泛实施考试、作业、论文、报告、课堂参与、讨论汇报、实践操作、问题集、提纲摘要、连续评价等综合考核方式。人文艺术类课程多采用论文、报告、讨论汇报等方式进行课程考核，自然科学类和工程技术类课程则应更多采用课堂参与、实践操作等方式进行课程考核。理论类课程可以更多采用论文、课堂参与等方法进行课程考核，理实结合课可以更多采用作业、讨论汇报、实践操作、连续评价等方法进行课程考核。同时，还应该科学地设计课程考核中不同考核方法的权重，在强调考试、论文等考核方法的同时，从改革课程考核方法的角度出发，适当增加形成性考核方法的权重。①

三、落实五条路径，以针对性的建设举措破解课程建设难题

根据学术型研究生课程建设的基本理念和思路，进一步破解我国教育学学术型研究生课程建设存在的突出问题与面临的瓶颈和障碍，各培养单位需要深入推进分类定位课程功能、调整课程结构体系、完善管理服务制度、加大教材开发力度、强化课程的国际化，促使我国教育学学术型研究生课程的功能更清晰、课程结构更合理、课程管理更到位、教材特色更突出、国际化建设更深入。

（一）分类定位课程功能，提高课程开设与研究生类型的契合度

要解决研究生培养目标与现实脱节、课程价值取向尴尬的问题，最重要的是落实研究生培养目标的多样性、分类定位课程功能取向，提高课程开设与不同类型研究生培养需求的契合度。

第一，明确研究生培养目标的多样性和区分度。不同类型的研究生理

① 陆根书，陈晨，刘萍，等. 2017. 国外一流大学本科生与研究生课程考核方法比较研究[J]. 复旦教育论坛，(6)：53-62.

应有不同的培养目标及与之配套的课程体系，各研究生培养单位应认真贯彻落实教育部《关于加强和改进研究生培养工作的几点意见》中提出的“科学规划不同层次、不同类型研究生的培养目标”的要求，从区别培养层次、培养过程、培养内容等方面着手，提高教育学硕士研究生培养目标与博士研究生培养目标、专业型研究生培养目标与学术型研究生培养目标的区分度，为精准地开设课程提供指引。

第二，明确分类定位不同类型课程的功能取向。根据课程的内容、性质和功能等特征，进一步将课程细化分类为通识教育类课程、专业基础类课程、专业方向类课程、专业实践性课程等类型，系统设计不同课程类型包含的具体课程门类，明确每类课程对应的培养目标及学生发展目标。

第三，根据培养目标精准开设相应的课程类型。建立“培养目标—课程目标—具体课程”的一一对应机制，将研究生培养目标具体化为可操作的课程目标，再根据课程目标开设具体的课程，力争使培养目标都能细化为课程目标，且每个课程目标都有具体的课程作为支撑，增强课程开设的精准性，根据培养目标合理分配实践课程与理论课程的比例，使课程内容能够更好地满足研究生群体与人才培养的多样性需求。[①]

（二）调整课程结构体系，理顺知识与兴趣、教师与研究生诉求之间的关系

在课程结构建构中，各培养单位应统筹学科特点、培养目标、师资力量和研究生的需求，兼顾课程体系的完整性、规范性、灵活性，构建更加合理和开放的课程体系。

第一，统筹考虑开课实际与研究生的学习需求。围绕研究生培养目标和人才培养实际需求，根据培养单位的师资等教学资源条件因素，在各种课程类型上开齐开足具体课程，并根据教学需要适当引进国内外优秀的网

① 胡万山. 2018. 师范类专业认证背景下教师教育改革的意义与路径[J]. 黑龙江高教研究，(7)：25-28.

络教育资源，努力使学校课程能够满足绝大部分研究生的发展需求。同时，在选课制度上保持一定的弹性，允许和鼓励有需求的研究生参与跨学科的课程学习，满足学生多样化的学习和发展需求。

第二，充分发挥学分制度对选课的引导作用。进一步深化学分制度改革，科学合理地布局不同学科专业研究生培养的总学分，以及不同课程类型的学分比例结构和具体课程的分值，建立健全不同专业、不同院系、不同学校之间的课程学分互认制度，提高课程学分制度的规范性、灵活性、引导性价值，增强研究生课程选择的科学性和合理性。

第三，协调好教师诉求与课程规范性的关系。研究生课程内容领域的专业性、创新性等特征，要求各培养单位在传统“一人一课”的课程开设模式下，深入探索研究生课程的团队教学模式，统筹协调不同课程内容与教师的专业特长及兴趣，将教师专业特长与教学内容相统一，既能保持课程开设的规范性，也能满足不同教师的专业诉求，提高课程的开设实效。

（三）完善课程管理制度，加强研究生课程开设与教学过程监管

充分激发各主体参与课程建设的积极性，促进研究生课程教学活动的有序开展，提高课程建设质量，需要各培养单位将更新课程建设理念与完善管理服务制度并举。

第一，更新课程建设观念，树立开放、民主的建设理念。转变传统以“管理者”为主体的研究生课程建设理念，充分重视学院领导、学科带头人、专业负责人、一线授课教师、研究生等多元主体在课程建设中的价值，建立健全多元主体参与的研究生课程建设机制，尤其要为一线研究生课程授课教师和广大研究生群体开辟参与的渠道，充分听取课程教学一线人员的诉求、需要、意见，夯实研究生课程开设和教学高质量发展的根基。

第二，完善课程监管机制，提高研究生课程开设质量。加快健全和优化研究生课程监管评价机制，建立学校层面依托教务处或研究生院成立的研究生课程管理部门，以及各研究生培养院系层面设立的课程管理办公

室，借助信息化手段打造多样化的课程监管平台，采用问卷调查、综合打分、意见箱等方式形成课程信息反馈机制，科学制定研究生课程准入条件，推进课程开设全过程监管和实际效果评估，提高课程的开设质量。

第三，健全教学评价制度，改善研究生课程教学实效。建立健全独立的研究生课程教学考核评价机制，通过开展研究生课程教学技能大赛、优秀教师评选、课程互评等活动，充分激发教师对研究生课程教学的主动性、积极性、创造性，改善课程教学效果。

（四）加大教材开发力度，增强教材的创新性、前沿性、本土化特色

充分重视研究生教材建设工作，加大对研究生教材建设的政策支持力度，完善课程内容更新机制和课程建设本土化开发机制，是增强研究生教材的创新性、前沿性、本土化特色的关键所在。

第一，重视运用科研评价体系推进教材开发，增强教材体系的创新性。深化学校科研评价体系改革，在科研评价分值中适当增加高质量教材成果的分值和比例，在学校各类评奖评优活动中增加优秀教材评比活动，在合适的范围内将参与教材建设纳入教师职称和绩效评价体系。同时，设立研究生教材建设专项项目支持经费，鼓励和支持教师与校内外相关专业领域的优秀教师开展协同创新，加强对教材建设项目过程的管理，以专项支持创新教材建设。

第二，合理赋予授课教师选择和运用教材的权利，增强教材内容的前沿性。各研究生培养单位应进一步完善教材选用政策机制，在保障学科专业核心理论知识内容的基础上，适当保持教材选用制度的弹性，在充分尊重和给予研究生课程任课教师在教材选用上的自主权，促进教师将最新的相关优秀专著、教材、学术论文等前沿性文献应用于课程教学之中的同时，也应注重对教师教材选用情况的备案、监管，兼顾教材内容的系统性和前沿性。

第三，深入推进教育理论和实践本土化研究，促进教材建设的本土化。各培养单位应成立教材研究中心，统筹学校各学科专业研究生教材选用和编写事宜，大力推进对国外成熟教育理论的本土化研究，深入凝练和总结我国的教育实践经验和问题，促使研究生教材在保持基础性、前沿性、国际化的同时，也能更加凸显本土特色，更加契合我国研究生教育的国情、教情、学情。

（五）强化课程的国际化，优化国际化课程建设的认识和实践

国际化课程建设是一个系统的、动态的过程，推进高质量研究生国际化课程建设，应转变传统的国际化课程建设理念，在政策层面做好制度设计，推进国际化课程建设实践的深入发展。

第一，转变传统观念，厘清国际化课程的本质内涵。各培养单位应加快转变传统的国际化课程就是“英文授课”的狭隘观念，从思想上明确国际化课程是在国际观念的指导下，把国际的、跨文化的观念与知识等融合到课程之中，采用案例教学、外语授课等多种形式，以培养学生的国际观念、视野、技能等为目标，且这类课程应兼具前沿性、开放性特征，能够将国际上先进的教学理念和前沿成果、国际规则和技能、异域文化和外语授课等多种要素融为一体①，以此创新的理念为研究生国际化课程建设提供方向指引。

第二，丰富课程类型，推进国际化课程开设常规化。各培养单位应该结合学科专业特性，以及自身的教育资源实际情况，有计划地推进研究生国际化课程建设，统筹引进国外优质的国际化课程、立项支持国外专家入校开设国际化课程、支持校内教师与国外专家协同开课、加强国际化课程开发等，不断丰富研究生国际化课程类型，推进常规性国际化课程的开设。

第三，完善管理体系，保障国际化课程高质量开设。各培养单位应该

① 刘劲松，徐明生，任学梅，等. 2015. 研究生高水平国际化课程建设理念与实践探索[J]. 学位与研究生教育，(6)：32-35.

做好国际化课程服务管理工作的顶层设计，科学地研制国际化课程设置方案，合理布局国际化课程与本土化课程的比例和结构，制定国际化课程准入和退出机制，完善课程质量监管和评价体系，加强对课程教学过程的监管，保证国际化课程建设有序、高效开展。

四、做好八点探索，以科学的课程指南助推高水平课程建设

为了贯彻落实《教育部关于改进和加强研究生课程建设的意见》，国务院学位委员会委托学科评议组和全国专业学位研究生教育指导委员会编写了《研究生核心课程指南》，致力于为高校加强和改进研究生课程建设提供参考和指导。《研究生核心课程指南》是我国未来研究生课程建设的指导性文件，做好教育学“研究生核心课程指南”起草思路的探索，无论是对于教育学学术型研究生课程建设，还是对其他专业研究生课程建设来说，都具有十分重要的意义。本书第二章在全面分析了 5 个国家教育学学术型研究生课程建设方面的有效做法，系统梳理了我国教育学学术型研究生课程建设典型实践，深入剖析了我国教育学学术型研究生课程建设存在的突出问题的基础上，提出教育学“研究生核心课程指南”的初步思路，在课程建设实践中不断深化改革、逐步推进落实，以提高研究生课程建设的质量和水平。

（一）核心门数要精简，提高课程开设的精准性

各培养单位要精简研究生的核心课程门数，加强专业实践创新类课程建设，提高课程开设的精准性。相对于本科生而言，研究生培养目标更加强调“研究”，注重培养研究生面向学科专业发展前沿的理论创新能力，以及面向专业实践的重大问题解决能力，而这些能力的培养仅仅依靠传统的学校课程往往难以取得显著的成效，这就需要各培养单位统筹考虑学校的各种教育资源要素，在精简各学科专业传统的核心课程门数、保证学科

专业核心内容教育的基础上，给研究生留下更多可自由支配的时间，用于参与专业实践调研和科研训练，将参与专业领域实践调研和科研活动纳入课程体系，促进研究生在系统掌握知识基础上的问题解决能力和科研创新能力的全面提高。对于具体课程建设实践而言，各培养单位应在精简学校传统课程门数的同时，提高专业实践创新课程的比例。一方面，适当精简学校的传统核心课程门数。根据人才培养实际需求与不同课程内容的具体特征，科学地合并课程目标接近和课程内容特征相似的课程，推进开设相似课程的任课教师协同开课，在精简课程门数的同时提高课程开设效率，打造高质量的研究生课程协同创新团队。另一方面，科学地规划和设计研究生专业实践创新课程。统筹导师指导、社会调研、专业实践、项目研究等专业实践创新课程，并将其纳入研究生学分体系进行系统设计，促使研究生在专业实践和科研创新活动中切实提高专业实践素养。

（二）课程内容要整合，保证课程内容的系统性

各培养单位要以研究生不同课程类型为基准，整合不同课程类型下相关课程的具体内容，理顺不同课程内容之间的内在联系，增强研究生课程内容的系统性。系统的课程内容是学校人才培养目标实现的重要保障，尤其是以知识传承和科研创新为主要学习任务与目标的研究生，要想更好地促进其综合素养的全面提高，必须进一步整合零散的课程内容，紧紧围绕各专业人才培养目标重构课程内容体系，以系统化的课程内容为研究生全面发展奠定坚实的基础。在公共课程类型上，应统筹规划和调整学校的各种公共课程，将公共课程调整和整合为外语课程、思政课程、职业素养课程三种类型，围绕外语学习、思想教育、职业准备三个方面培养研究生的通识性素养，尤其是思政课程和职业素养课程更应该高度整合，引导学生树立正确的思想认识、掌握基本职业技能、形成初步专业认知。在专业课程类型上，各培养单位应该根据学生专业知识学习和实践技能培养的要求，系统设计专业课程内容体系，深入研究并厘清不同专业知识内容之间

的层次、特征及内部关系，找准研究生学习发展规律与专业课程内容内部逻辑之间的耦合点，并根据研究生学习和发展需求深度整合专业课程内容，促使研究生全面掌握系统的专业理论知识。在实践课程类型上，应处理好专业理论与实践训练之间的关系，统筹社会调研、科研训练、实践锻炼等多种灵活方式，促进学生在实践中掌握专业实践性知识，提高实践能力。

（三）二级方向要体现，凸显课程体系的针对性

在专业课程设置上，各培养单位要充分考虑研究生学科专业的差异，针对不同专业研究生开设不同的专业课程，提高专业方向课程的区分度和增强课程体系的针对性。课程是研究生培养目标实现的根本载体，不同学科专业的研究生既有不同的人才培养目标，也需要以不同的课程体系作为目标实现的依托。各培养单位在研究生课程设置上，在面向全校开设相同的通识课程、面向相同学科开设相似的专业基础课程的同时，应注重在不同专业方向上有针对性地开设相应的专业课程，以提高专业方向课程的区分度，凸显课程体系的针对性。在专业方向课程上，各培养单位应该根据不同专业具体的研究生培养目标和对应社会岗位对人才素质的需求，科学地构建相关专业课程理论知识内容体系，将专业方向课程内容与人才培养目标和社会人才素质需求紧密挂钩，促使学生不仅能够系统掌握相关学科领域的专业知识，也能在此基础上形成具体专业方向的完整认知，夯实研究生专业方向核心知识基础。在专业实践课程上，各培养单位既应该推进导师在专业方向上指导研究生进行科研创新，促使学生密切关注专业领域理论发展前沿动态和实践一线最新情况，提高研究生在专业领域的科研素养，又应该在广泛调研相关专业对应工作岗位的人才素质需求与岗位技能要求的基础上，组织学生走进专业实践一线进行职业技能锻炼，提高研究生在专业领域的科研实力和工作实践竞争力，更好地培养“适销对路”的高素质创新型人才。

（四）主体要求要明确，突出教学要求的清晰性

各培养单位要厘清研究生课程教学活动的相关主体，明确对授课教师、研究生、学校管理者等核心主体在课程教学、学习和管理活动中的基本要求，激发各主体在课程教学和管理活动中的活力，以规范化的教学过程提高研究生的课程教学质量。完善的制度要求，是学校课程教学活动高效开展的基础，尤其是作为理论创新要求更强、实践问题研究更深入的研究生课程教学，更需要以健全的课程教学制度保障教学活动的顺利开展。面对当前研究生课程教学活动存在的课程设置目标定位不清晰、课程特色和区分度不彰、课堂教学模式效果不理想、实践教学环节设计不到位、课程教学管理效率较低等突出问题[①]，亟待各培养单位不断完善研究生课程建设制度，明确课程教学活动中对各主体的相关要求。对于授课教师来说，学校应加强对研究生授课教师课程开设和教学过程的监管，促使教师根据相关专业人才培养目标科学地设计课程目标，并将其合理分化为具体的课程教学目标，进一步规范教师课程开设的时间和方式，完善课程教学内容体系，提高课程教学质量。对于研究生来说，学校应引导授课教师帮助研究生制订清晰的课程学习和发展目标，加强对研究生课程学习过程的管理，落实过程性评价，改善研究生课程学习效果。对于学校管理者而言，应在学校及院系层面成立两级研究生课程管理部门，完善研究生课程管理制度，尤其应强化研究生实践课程管理，提高课程开设效率。

（五）课程团队要加强，强化课程队伍的凝聚性

各培养单位应该建立研究生课程负责人制度，推进形成以课程负责人为核心、与课程内容结构相适应的课程团队结构，多主体协力开展研究生专业理论课程教学。研究生专业课程内容的专业性、系统性、高深性特征，

---

① 王俊，刘若泳. 2012. 全日制专业学位硕士研究生教学现状调查与分析——以武汉七所“211工程”高校为例[J]. 学位与研究生教育，(7)：18-22.

使得单个教师开设一门专业课程面临较大挑战，亟须各培养单位实施课程团队教学制度，多主体合力提升课程的开设质量。

第一，科学地遴选课程负责人，全面统筹课程设置及实施等相关事宜。各培养单位应该根据课程性质、目标要求、内容特征，以及教师的专业特长，选择与课程开设需要最为契合的教师作为课程负责人，在充分赋予负责人课程开设自主权的同时，明确其在课程目标定位、课程内容选择、课程教学过程等环节的主体责任，实行课程负责人的课程建设责任制。

第二，精研课程目标内容要求，细化课程教学对教师素质的要求。深入推进课程教学研究，依托学校“教学改革项目”设立课程研究专项，构建以课程负责人为核心的课程研究机制，在深入研究课程目标要求、课程内容特点、教学方法选择的同时，重点推进课程内容教学要求的细化、明确化，全面分析和落实课程教学内容对教师综合素养的要求。

第三，对接课程教学目标要求，促使队伍结构与目标要求相契合。各培养单位要打破“一人一课”的传统思想，推进“一人多课，一课多人”，根据课程教学对教师专业素质的要求，在院系内、跨院系甚至是在全球范围内选择专业素质与课程教学要求最为契合的教师，组建以课程负责人为核心、课程内容教学需要与教师专业特长相对应的研究生教学团队，多主体协同开展研究生专业课程教学，提高课程的开设质量。①

（六）实践比例要突出，增强教育教学的实践性

各培养单位应该提高研究生课程中的实践性知识的比例，以及科研创新实践活动的比例，以丰富的实践性知识和多样化的实践训练，提高研究生的专业实践能力和科研创新素养。培养学生面向专业生产实践的综合素养是学校教育的重要目标，而这一目标的实现不仅需要系统的专业理论知识教育，更需要扎根专业实践一线的实践锻炼。然而，当前我国研究生培

---

① 陈晓琳. 2011. 基于课程组的教学团队建设模式探索[J]. 中国大学教学，(7)：72-74.

养普遍存在重学术引导、轻实践探究的问题，往往为研究生开设了较为系统的理论性课程，而对专业实践性课程的开设不足、系统化设计不够，导致多数研究生在走上工作岗位后难以适应实际工作的需要①，这就需要各培养单位在研究生课程体系设计中，既应该有意识地提高专业课程中实践性知识的比例，也应该注重对研究生科研创新实践活动的系统谋划，着重提升学生的专业实践能力。一方面，专业课程内容设计应突出研究性和实践性。在专业课程内容体系设计中，将专业理论性知识与实践性知识有机融合，有计划、系统地增加和布局相关专业实践性知识，注重以问题导向引导研究生参与问题分析、研究方法运用、研究结果挖掘，以理论课程教学提高研究生的思辨能力。②另一方面，统筹安排各种科研创新实践活动。明确导师指导研究生参与科研项目训练的责任，鼓励和支持研究生参与科研竞赛、学术会议、论文征集等科研活动，在学校和院系两个层面设立研究生科研创新培育项目，引导研究生联合申报并邀请导师指导，让研究生在参与课题申报、立项、研究、结项等科研全过程中，提高科研创新能力和水平，学校和导师也应为研究生科研训练创造更多的机会与条件。③

（七）授课方式要创新，彰显教学方式的创新性

各培养单位应该在扎实推进团队授课模式的基础上，不断创新研究生课程教学方式方法，多采用启发式、研讨式、问题式等教学方法，以创新教学方法激发学生学习的主动性和创造性，提高课程教学质量。培养研究生的问题解决能力和理论创新能力，依靠传统以教师为主的教学方式往往难以取得显著成效，而从我国研究生课程教学的现实情况来看，一些研究

---

① 陈艳慧，李博，李勇，等. 2016. 在研究生培养中实施精细化管理刍议[J]. 学位与研究生教育，(5)：38-42.

② 李小昱，王为. 2009. 对研究生科研创新能力培养的探究[J]. 华中农业大学学报（社会科学版），(5)：100-103.

③ 潘启亮，范海根. 2018. 高校研究生科研贡献度实证研究——以暨南大学人文社科类为例[J]. 科技管理研究，(23)：57-63.

生授课教师还未能把握本科生和研究生的区别，在研究生授课中仍以教师单方面教授为主，教学缺乏深入的交流互动，缺乏探索性和研究性的活动，导致教学效果不佳。[①]这就需要多采用实践性和研究性强的教学方式，充分发挥学生在课堂学习活动中的主体地位，师生协同创新课堂教学实践。

第一，采取“启发式”教学方法，提高研究生探求知识的积极性。在教学中，教师应将重点放在该领域知识产生的背景和问题的研究进展，以及该领域的相关热点问题上，引导学生在全面掌握该领域发展前沿的基础上进行深入思考，使其掌握科研创新的方式。

第二，采取“研讨式”教学方法，提高研究生的创新思维和创新能力。教师应该在系统讲授学科知识体系和章节内容规律及脉络的基础上，组织相关专题引导研究生阅读文献、研究问题，循序渐进地培养研究生把握知识点内在规律的能力，为研究生创造性的学习提供广阔空间。

第三，采取“问题式”教学方法，提高研究生解决问题的能力。在教学过程中，教师应该根据课程内容特征、相关领域实践状况、研究生知识掌握情况等，选择适当问题让学生通过自主探索和合作研究等方式进行解决，促使学生了解科学问题解决的过程，掌握问题解决的方法和思路。[②]

（八）课程考核要重构，增强考核评价的发展性

各培养单位应该将“发展性”评价思路贯穿到研究生课程考核全过程，推进学生综合素养全面考核、强化教学过程性考核、完善考核持续改进机制，以健全的课程考核模式促进研究生全面发展。考核评价具有规范、激励和导向等多重功能，科学完善的课程考核评价机制对于提高课程教学质量和学生课程学习效果发挥着积极作用，而当前我国一些培养单位的研究

① 方志刚，郝晓亮. 2020. 基于创新型人才培养目标的研究生教学方法改进策略研究[J]. 农业技术与装备，(2)：121-122.

② 程中华，高崎，田燕，等. 2012. 积极创新课堂教学方法 不断提升研究生教学质量[J]. 中国电力教育，(1)：51, 57.

生课程考核还存在考核次数较少、方式单一、内容陈旧、规范化程度较低等问题[①]，容易使课程考核只有终结性评价，以一篇论文或报告作为整个课程的考核标准，导致课程考核的随意性较强、走过场现象较为普遍[②]，亟须各培养单位完善课程考核评价机制，使其发挥更大的作用。

第一，推进全面考核，对研究生知识学习和实践能力进行系统考核。授课教师尤其是专业课程授课教师在课程考核中应同时重视学生的知识学习、技能掌握、实践应用等状况，对学生的课程学习结果进行全面考核。

第二，强化过程考核，落实研究生课程学习全过程的跟踪考核评价。各培养单位应该将传统更多重视终结性考核转变到过程性考核上来，提高课程教学过程在课程考核中的比例，关注研究生日常课堂参与、课后作业、交流互动等情况，掌握学生课程学习的真实状况。

第三，完善整改机制，建立健全研究生课程考核评价持续改进机制。各培养单位应该充分重视对课程考核评价结果的运用，以评价中发现的问题为抓手，不断改善课程教学过程，促进课程教学质量的提升。

---

① 曹雷. 2010. 研究生课程考核方式及研究生质量保证体系研究[J]. 技术与创新管理, (4): 487-490.

② 陈艳慧, 崔议文, 李勇, 等. 2015. 学术型研究生课程改革的探索与实践——以吉林农业大学为例[J]. 学位与研究生教育, (11): 33-38.